# hornear pan, pastas y pasteles

baker & spice

# hornear pan, pastas y pasteles

baker & spice dan lepard y richard whittington

BLUME

a Karen Copland y Barry Stephens

**Título original:**
*Baking with Passion*

**Traducción:**
Margarita Gutiérrez Manuel

**Revisión científica y técnica de la edición en lengua española:**
Ana María Pérez Martínez
Especialista en temas culinarios

**Coordinación de la edición en lengua española:**
Cristina Rodríguez Fischer

*Primera edición en lengua española 2007*




Av. Mare de Déu de Lorda, 20
08034 Barcelona
Tel. 93 205 40 00 Fax 93 205 14 41
E-mail: info@blume.net




I.S.B.N.: 978-84-8076-634-0

Impreso en China




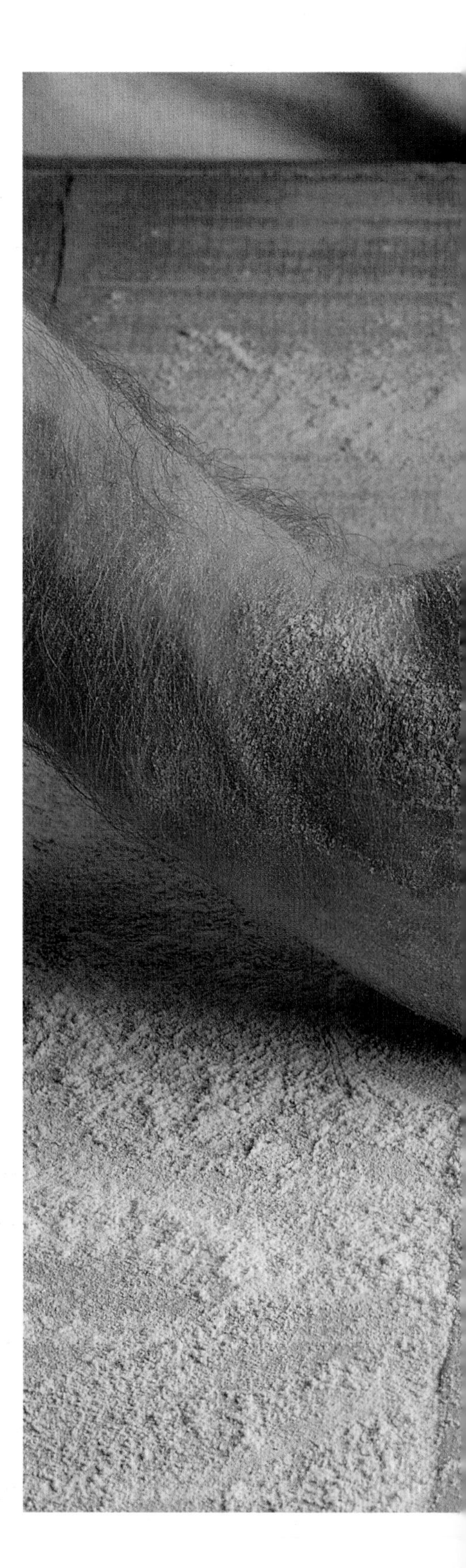

# Contenido

# Presentación de Baker & Spice

«Creo que el pan es algo especial, sencillo y honesto, al mismo tiempo que delicioso. Cada vez que lo cortas, lo hueles o lo comes hace que la vida resulte más agradable, aunque sólo sea durante cinco minutos. El buen pan es algo de lo que uno nunca se cansa. Nos deleita cada día. En esencia, describe lo que somos en Baker & Spice y por qué existimos.» GAIL STEPHENS

Baker & Spice no surgió de manera espontánea de la mente de Gail Stephens. Su tienda más extraordinaria y bella, situada tan adecuadamente en la elegante Walton Street de Londres, abrió sus puertas como una panadería. Poco a poco, y a medida que iban reapareciendo los hornos victorianos y se inició la producción *in situ* para la comunidad local, fue tomando forma y desarrollando la inconfundible identidad que la ha hecho famosa.

Cuando se visita el establecimiento, la primera impresión es sobrecogedora. Se trata de la panadería y pastelería de nuestros sueños, aunque probablemente la ubicaríamos en París y no en Londres. Tras admirar los montones de preciosos panes y las bandejas de cautivadores dulces, que desprenden su dulzón y tentador aroma (todos ellos elaborados artesanalmente en la trastienda, utilizando ingredientes y métodos tradicionales), es difícil creer que los orígenes de esta maravilla se remonten a las furgonetas, los hornos convencionales y un servicio de entrega a domicilio de pan elaborado por otras personas, para un número de clientes excesivamente escaso para que las grandes panaderías se molestaran por ellos. Actualmente, el mundo de la panadería artesanal británica se basa en una innovadora y exitosa operación de servicio. Su sólida administración comercial, que le aseguraba independencia económica, permitió a Gail Stephens enfocar su establecimiento de una manera que muchos pensaron que resultaría comercialmente inviable en el mercado actual.

«En realidad, el funcionamiento de la tienda se basa en la forma en que entendemos los negocios» afirma, al comentar que los ingredientes empleados definen una actitud al mismo tiempo que un tipo de alimentación. «Siempre me ha preocupado el origen y la calidad de los ingredientes con los que trabajamos. Nunca compro fijándome sólo en el precio y me advirtieron que mis normas éticas me llevarían a la bancarrota. Irónicamente, en la actualidad, el negocio tiene mucho éxito.»

«Somos lo que compramos, lo que conlleva consecuencias tanto morales como económicas. Utilizamos productos biológicos siempre que podemos. Trabajamos según las estaciones y somos muy escrupulosos con el origen de nuestras materias primas, aunque tengan que transportarse por medio mundo para llegar a Walton Street. Si algún producto procede del tercer mundo, nos aseguramos de que no se explote a nadie para obtenerlo. No me siento en el despacho y compro a ciegas por teléfono. Visito Covent Garden cuatro veces por semana y leo y compruebo cada etiqueta de cada caja de productos frescos que adquiero. Huelo y siento el producto y también lo pruebo. Una vez al mes, me reúno con el importador de frutos secos y especias. La compra nunca debe realizarse de manera automatizada. Dedico mucho tiempo al trato con los proveedores.»

«Elaboramos productos a los que la gente responde con gran efusión, ya que todo lo que comercializa se hornea en nuestros establecimientos. Lo que se ve es lo que se ofrece y lo que se ofrece es lo que elaboramos. Este hecho implica el conocimiento de la técnica y un trabajo arduo. El secreto de Baker & Spice es que es independiente; no compramos en ningún establecimiento de precocinados. Elaboramos los productos como se solían preparar antiguamente, en una época en que la agricultura industrial y el supermercado han tendido a olvidarlos. Cada día tiene su propia identidad. La vida del producto y el modo de producción es simplemente así, al día, y después todo vuelve a empezar de nuevo desde el principio. Este proceso implica prácticamente jornadas de 18 horas siete días a la semana.»

«Los cambios que se producen en los productos horneados dependen de una progresión natural, al mismo tiempo que de la opinión del consumidor. Ésta es, en parte, la razón por la que nos hemos convertido en una auténtica tienda rural. Formamos parte del vecindario. Nosotros somos su reflejo y él es el nuestro.»

Baker & Spice destaca por su distribución, que es directamente proporcional al equipo que Gail Stephens ha formado durante un período de tres años. No se trata de un lugar anónimo; además, se anima a las personas que trabajan aquí a tener una identidad como parte del equipo, cuyos miembros, inevitablemente, cambian con el tiempo, aunque comparten el mismo compromiso con la calidad que se consigue en un entorno ético.

La dinámica no es como la de un restaurante donde el salón y la cocina funcionan de manera autónoma y, con frecuencia, con mal disimulada animosidad. En nuestro caso, ambos se hallan clara, feliz e intrínsecamente relacionados. Trabajan conjuntamente, de manera que es imposible distinguir la frontera entre ambos, ya que el servicio constituye un proceso ininterrumpido desde el horno hasta el consumidor. Por el contrario, uno de los aspectos más notables del establecimiento radica en la comunicación directa del personal que trabaja en la trastienda y el consumidor; en este sentido, en algunas ocasiones, incluso le atienden ellos mismos. Cuando salen las barras recién hechas o se saca otro maravilloso pastel, se habla y se comenta. Los clientes habituales se desplazan algunos kilómetros cada día para comprar su croissant del desayuno. Muchas veces, en verano se lo comen todavía caliente sentados en una de las pequeñas mesas de la terraza, situada frente a la tienda.

«La calidad del producto que vendemos constituye sólo parte de la relación que vincula al consumidor individual con el proceso que tiene lugar en la trastienda, donde se elabora lo que él compra», afirma Karen Copland, la gerente del establecimiento. «La tienda tiene que funcionar del mostrador a la trastienda y de la trastienda al mostrador. Es importante que las personas que preparan el producto no se sientan aisladas de las que lo venden. Entran y salen de la tienda y hablan con los clientes. Así es como creemos que debe ser.»

## El horno

Por debajo del nivel de la calle, en Walton Street, hay dos hornos de ladrillo, cada uno de ellos con el suelo de piedra original, que ocupa 10 metros cuadrados. Los hornos fueron construidos e instalados en 1902 por Robert Hannington y W. H. Young & Co., dos compañías de excelente reputación ubicadas en Islington. Originariamente a carbón, los hornos generadores de vapor también suministraban agua caliente a la panadería. El vapor de un horno profesional contribuye a la formación de la corteza, al mismo tiempo que confiere un color dorado al pan.

Durante la década de 1950, los hornos funcionaban con petróleo, que era conducido desde tanques externos hasta los quemadores, situados alrededor de la circunferencia del horno. El humo y el exceso de vapor se conducían a través de un túnel en tirabuzón hasta la chimenea a través de la cual se evacuaban, con lo que contribuían a la contaminación atmosférica de Londres hasta que, en 1957, se implantó la *Clean Air Act*.

Cuando Gail Stephens adquirió la propiedad de Justin de Blank, estos hornos todavía seguían en funcionamiento, por aquel entonces a gas. Tras unas pequeñas modificaciones y la instalación de un sistema de inyección de vapor, los hornos estaban preparados para volver a cocer pan.

Normalmente, el pan se introduce en el horno con unas palas de madera cubiertas de harina y constituidas por planchas de madera de haya unidas a un largo mango. En Gran

Bretaña no existen fabricantes de estas palas, de manera que se tuvieron que importar de Francia. Asimismo, fue necesario adquirir una *parisienne* doble, un armario que se utiliza para proteger la masa mientras reposa sobre paños de lino natural. Docenas de cestos rojos forrados de tela, en los que descansan las enormes masas ácidas durante su larga fermentación y que ayudan a dar forma a las barras a medida que van fermentando, también tuvieron que adquirirse en Francia. Para los panes, que requieren un reposo largo en frío durante varias horas, se instaló una fermentadora retardada, de temperatura controlada, que puede albergar más de 200 barras pequeñas.

También se adquirió un mezclador Artofex capaz de trabajar dos sacos de harina al mismo tiempo. Se trata de una máquina de procedencia británica pensada para sustituir el amasado a mano en artesas de madera, que durante siglos fue la práctica habitual en las panaderías. Este mezclador, de elevada calidad y precio, es popular en Francia y hoy en día se comercializa principalmente en ese país. Su estructura única contribuye a que el pan adquiera una aireación irregular (burbujas de aire de diferente tamaño en la miga) y su acción de mezclado, lenta y suave, ayuda a desarrollar las fibras de gluten.

## Los panes

Fórmulas de harina, agua y levadura, aparentemente similares, pueden crear texturas muy distintas, así como complejos y profundos aromas. Para los panes de Baker & Spice se seleccionan harinas de trigo, desde la húmeda y oscura harina integral hasta la harina refinada color crema, harinas de centeno, granos de maíz, arroz y germen de trigo provenientes de molinos tradicionales de Inglaterra, Francia e Irlanda. Para la elaboración

de todos los panes se mezclan más de una docena de diferentes tipos de harina, en distintas proporciones, la mayoría biológicas y molidas a la piedra, con lo que se crean recetas únicas de pan. La mezcla de harinas es la clave para el desarrollo de las «levaduras silvestres que hacen levantar la masa de forma natural y que contribuyen significativamente al aroma complejo y ligeramente ácido del pan acabado. Se trata de la aplicación práctica de la técnica aprendida, esencialmente de métodos artesanales que aportan consistencia al pan. No se añaden sustancias químicas o mejoradores de soja modificada genéticamente para acelerar o facilitar el proceso, sino que tan sólo se aplica la sabiduría y el arduo trabajo.

Se han creado nuevos panes después de imaginar la barra acabada, lo que conlleva a estudiar cuidadosamente la mezcla de harinas, líquidos, materiales de fermentación y técnicas. Cada pan se crea con su propia mezcla de masas madre ácidas o levadura activa fresca, harinas, cereales y, en algunas recetas, fruta y zumos de fruta, verduras, frutos secos, hierbas aromáticas frescas y aceites. Las masas ácidas se basan en cuatro cultivos diferentes de levadura silvestre, seleccionados por su capacidad de fermentación para crear masas madre sanas y vigorosas. Éstas varían en su contenido de humedad y el tipo de harina y se cuidan mediante un refresco regular y una aireación vigorosos, actividad que en la panadería se produce a intervalos programados durante las 24 horas del día.

En la panadería se trabaja 18 horas al día, siete días a la semana, desde las 10 de la noche hasta alrededor de las 7 de la mañana y, desde las 10 de la mañana hasta las 6 o las 7 de la tarde. Puesto que muchos de los procesos necesarios para la elaboración de pan implican diversos días, cada panadero contribuye en la elaboración de cada una de las barras de pan que se producen. Por ejemplo, el *boule de meule*, una masa ácida de harina integral tradicional francesa, debe mezclarse a primera hora de la mañana, desarrollarse y moldearse durante el día, dejarse reposar durante 12 horas y, finalmente, hornearse inmediatamente la mañana siguiente.

Las habilidades que cada miembro del equipo de panaderos aporta al proceso pueden aplicarse de forma amplia, ya que, al contrario de lo que es habitual en la panadería profesional de Gran Bretaña, muchos de los panes se elaboran en pequeñas hornadas, al igual que los pasteles y la bollería. Así pues, las técnicas utilizadas y la cantidad de lo que se produce se mantienen a una escala próxima a la cocina doméstica.

## Los pasteles

Existe una tradición de elaboración meticulosa de pasteles (la habilidosa mezcla de ingredientes de primera calidad en un cuenco, mezclados a mano y horneados en pequeñas hornadas), que ha encontrado continuidad en Baker & Spice. Se trata de productos de calidad que reflejan la repostería casera de todo el mundo.

Los pasteles elaborados de manera industrial suelen ser muy básicos, aunque, al salir del horno, se les adorna para conferirles un aspecto más atractivo. Este enfoque es diametralmente opuesto al de Baker & Spice, donde, después de salir del horno, los pasteles se decoran poco o nada. En nuestro caso, todo se basa en la elaboración. Así, el aroma de la tarta de manzana Bramley y calvados se consigue antes del horneado. El glaseado no se utiliza como camuflaje y no se recurre a la decoración para ocultar la verdadera textura y aroma. El resultado se basa tanto en los ingredientes de la máxima calidad como en las técnicas de horneado más depuradas.

## Las masas de repostería y la bollería

La *viennoiserie* describe la importante especialización de los croissant y el hojaldre, un campo en el que Baker & Spice destaca especialmente. Patrick Lozach creó el croissant, el *brioche* y las pastas de mantequilla para la tienda. Formado en Gran Bretaña durante 20 años, su trabajo refleja las tradiciones de la «vieja escuela» francesa, antes de que los aditivos y los colorantes de la industria química irrumpieran en las pequeñas pastelerías. Como en el caso del pan, en Baker & Spice, el origen de los ingredientes utilizados en la *viennoiserie* desempeña un papel importante en la calidad que Patrick era capaz de conseguir. Las masas se mezclan utilizando la «T550» francesa, una harina de trigo que se muele lentamente, de baja extracción, que confiere una textura crujiente a la capa externa del croissant y de las baguette. El bajo contenido en gluten de la harina hace que las capas obtenidas por el volteado y el doblado repetidos de la masa queden intactas y separadas, lo que crea una miga tierna y suave, así como un acabado crujiente de la corteza.

La mayor parte de la *viennoiserie* de bajo precio que se comercializa en Gran Bretaña, y cada vez con mayor frecuencia en Francia, contiene una mantequilla teñida de color naranja, una mezcla de grasa de leche de los países de la UE, reprocesada y envasada como «mantequilla francesa». Los croissant de Baker & Spice se elaboran exclusivamente con L'Escure, una mantequilla francesa sin sal con denominación de origen (*appellation controlé*). No se utiliza L'Escure porque sea francesa, sino porque es la mejor mantequilla que existe. El *pain au chocolat* está relleno de chocolate belga de cobertura Callibaut (un fino chocolate de elevado contenido en cacao con un intenso sabor amargo-dulce). Los croissant de almendra están rellenos de almendra molida, azúcar, mantequilla y yema de huevo. No contienen aromatizantes artificiales, ni esencias ni emulsionantes, sólo almendra y mantequilla fresca.

***Pasión por hornear*** muestra de forma sencilla y lógica cómo obtener los mejores resultados. Se explica cada detalle, desde los resultados de las diferentes levaduras hasta la importancia de trabajar con distintas harinas. Aprenderemos cómo emular la inyección de vapor utilizada en panadería para conseguir barras crujientes con una deliciosa miga. Descubriremos que trabajar con masas húmedas da como resultado un pan de mayor calidad y que las técnicas de amasado y doblado suave mejoran la aireación y la textura. Todas las recetas se han elaborado en cocinas domésticas, utilizando hornos eléctricos y de gas no profesionales.

Todo lo que se hace en la panadería para conseguir la máxima eficacia en la producción se ha trasladado de forma práctica a la elaboración de pan a nivel doméstico. Tanto si se trata de la elaboración de intensos panes de masa ácida con masas madre de levadura silvestre o de aprender cómo crear las capas de hojaldre con aire y mantequilla para obtener un milhojas crujiente y ligero, éste es el libro de cocina más práctico. Se trata de un proceso de descubrimiento y placer a través de la elaboración de deliciosos productos para disfrutarlos cada día en casa.

# Elementos básicos

Tradicionalmente, la elaboración de pan ha constituido una actividad independiente en unos establecimientos que también preparaban pasteles, bollería y bizcochos, lo que requería técnicas y tiempos de preparacaión muy diferentes. Es el caso de Baker & Spice, donde diferentes equipos trabajan en distintas áreas. No obstante, la presentación conjunta en la tienda de todos los productos muestra el concepto global de la panadería como una disciplina culinaria especializada, al mismo tiempo que las técnicas, los sabores y las texturas constituyen un feliz reflejo de la experiencia del horneado doméstico. Si el pan es el pilar de la vida, los pasteles, la bollería y los bizcochos forman parte del placer de hornear.

# EL PAN NUESTRO DE CADA DÍA

Un buen pan es algo maravilloso. Es un goce mirarlo y siempre es un placer comerlo. El buen pan nunca empalaga ni aburre.
El pan es tan sencillo y básico como emblemático e importante. Al igual que el arroz simboliza la vida en Oriente y ninguna comida se considera completa si éste falta, el pan constituye un verdadero pilar para la civilización occidental. Danos el pan nuestro de cada día.

El olor del pan recién hecho, su crujiente corteza, su textura cuando se quiebra o se corta y la consistencia de la miga interior lo convierten en un producto culinario inmensamente satisfactorio y complejo. Sin embargo, los ingredientes que forman parte de su preparación son simplemente harina, agua y levadura, sazonados con una pequeña cantidad de sal. Cuando se muerde una buena baguette, se experimenta todo esto en un sabor que combina la dulzura del trigo, una casi imperceptible y equilibrada acidez de la levadura y una nota más intensa, con un ligero y contrastado toque amargo de la corteza caramelizada, todo ello aunado y potenciado por la sal.

Una masa ácida aporta diferentes y más intensos aromas, con su característico toque ácido, resultado de su fermentación lenta y natural con levaduras silvestres, lo que implica una textura más densa, más intensa y sustanciosa. Se trata del pan de pueblo, más oscuro, de tradición ancestral, más húmedo, más elástico y de mayor conservación, una definición que para las costumbres actuales implica la utilización de aditivos químicos, aunque, en este caso, es el resultado de su elaboración completamente natural. Originariamente, estas barras rústicas se horneaban en hogazas de 4 kilos, un pan familiar para toda la semana cuyo sabor y textura se iban modificando a medida que se cortaba y envejecía, aunque tardaba días en endurecerse. Incluso cuando se había endurecido demasiado para poderlo masticar, se podía aprovechar para elaborar sopas o como pan rallado para aportar textura o espesar diversos platos. Este pan es el pilar de la vida.

La elaboración de un gran pan se asemeja a la alquimia. Su producción artesanal implica elementos que van más allá de la técnica, aunque no más allá de la comprensión técnica. Los factores ambientales desempeñan un papel importante, aunque cualquier cocinero competente es capaz de comprenderlos y controlarlos. Incluso después de recurrir a la misma receta, el pan resultante será distinto de un lugar a otro, ya que el tipo de harina, el agua utilizada, la temperatura, la humedad e incluso la presión inciden de manera diferente. La técnica también constituye una parte importante, y todo ello contribuye a la calidad única del pan acabado.

No sólo los maestros panaderos hornean un buen pan. Puede elaborarse con éxito en casa, con un horno doméstico estándar. Con frecuencia, los hornos especializados incorporan inyección de calor controlable, que genera un vapor que ayuda a la formación de una corteza perfecta, al mismo tiempo que evita que la corteza resulte excesivamente dura. La mayoría de los panes que se consideran propios del mundo profesional, como las baguette y las masas ácidas, o las barras cocidas en contacto directo con el suelo de piedra de un horno de pan, pueden, de hecho, elaborarse en cualquier horno capaz de alcanzar temperaturas altas y con la utilización de una piedra de hornear, mientras que el vapor puede generarse por medio de la pulverización de agua.

Como en cualquier otra área culinaria especializada, los grandes panaderos sienten vocación, y parte de ella consiste tanto en la capacidad de comunicar cómo conseguir buenos y consistentes resultados como en ayudar a otras personas a descubrir el placer de la elaboración del pan. Este libro trata de la manera de hornear un pan de buena calidad en casa. Con la práctica, puede conseguirse un gran pan que mejorará la calidad de cualquier comida.

# LA HARINA

Sin una harina de calidad no puede elaborarse buen pan. La pericia del panadero no es suficiente. La harina se define como el producto resultante de moler finamente cualquier cereal comestible, aunque hoy en día suele ser de trigo. Posiblemente, una definición tan amplia más que aclarar el concepto lo difumina. Lo que hace que una harina resulte adecuada para determinado uso puede hacerla inadecuada para otro. Un paquete de harina con levadura incorporada, con aditivos químicos y aceleradores de la fermentación es incuestionablemente una harina de trigo blanca, pero no es la mejor materia prima para elaborar una buena barra de pan. No obstante, por el contrario, puede utilizarse para elaborar un pastel de regular calidad y, probablemente, un pan de soda razonable.

La historia del pan tiene una antigüedad de, como mínimo, 6.000 años, aunque la denominación de pan en las diferentes etapas de la historia ha variado enormemente, desde las primeras tortas planas de textura basta cocidas en una plancha sobre el fuego, hasta la complejidad aérea de las perfectas baguette de hoy en día, cocidas en un horno con inyección de vapor. El trigo puede molerse de manera más fina que la mayoría de los cereales, un hecho que siempre se ha identificado con las clases privilegiadas. Durante miles de años, el pan de los pobres se elaboraba con mijo, avena, cebada y centeno y este producto era considerado por las clases privilegiadas de la sociedad como tarjeta de identidad social. En tiempos difíciles, prácticamente cualquier cosa servía para elaborar el pan de los pobres, incluso las legumbres, las castañas, las arvejas o los hierbajos y, en las épocas de hambruna se utilizaba serrín e incluso arcilla.

De la misma manera que la superioridad del trigo sobre otros cereales reflejaba las jerarquías sociales, se consideró que su máxima expresión era una harina cada vez más refinada con menos cáscara y sin el germen de trigo. Cuanto más blanco y fino era el pan, mayor era el estatus social al que pertenecía el consumidor. Sólo a partir de los últimos 100 años, se ha reconocido el papel beneficioso que sobre la dieta y la digestión ejercen los componentes que se eliminaban para conseguir un pan más atractivo. Este reconocimiento ha potenciado la rápida expansión actual del mercado de panes enriquecidos gracias a la adición deliberada del salvado del germen de trigo, así como de otros cereales y semillas. Desde un punto de vista nutricional, este pan «integral» no es intrínsecamente mejor para el consumidor, excepto que su dieta carezca por completo tanto de las vitaminas del grupo B como de fibra. Hoy en día, la elección entre un pan blanco o moreno, de textura basta o fina, es simplemente cuestión de gusto.

El grano del trigo tiene unos 5-6 mm de largo y 3 mm de grosor. Está constituido por una cáscara de celulosa de múltiples capas (el salvado), la cual alberga el núcleo, el 20 % del cual contiene el oleoso germen de trigo, rico en vitaminas (el embrión a partir del cual germina), y el resto el endosperma, rico en almidón. Éste contiene las proteínas que forman el gluten que el embrión consume cuando empieza a crecer. Los molineros seleccionan y adquieren diversas variedades de trigo para crear una mezcla que pueden reproducir de manera consistente. Un análisis de rayos infrarrojos determina las características esenciales, incluidos el contenido en proteínas y los índices de humedad. La limpieza incluye el cepillado, así como el uso de imanes para eliminar la posible contaminación de metales antes del lavado y el secado que preceden al molido.

Con anterioridad al desarrollo de la tecnología de rodillos en Suiza en la década de 1830, la mayoría de las harinas se molían con acero, un proceso de gran velocidad que generaba calor a causa de la fricción, lo que alteraba diversos aspectos de la harina, incluidos el gluten y las vitaminas y las enzimas que contiene el germen de trigo. El paso por los rodillos moledores limpiaba el grano de trigo entre una sucesión de rodillos de acero acanalados que giraban a gran velocidad en direcciones opuestas. El salvado y el germen se separaban y eliminaban, lo que implicaba que la harina proveniente del endosperma resultara más blanca. Ésta se molía cada vez más fina, lo que implicaba un descarte entre cada proceso de molido (conocido técnicamente como cernido) hasta obtener una harina de color marfil y con una textura de polvo. La extracción del oleoso germen de trigo implicaba que la harina se conservara mejor, aunque su aroma era menos intenso. Una vez molida y almacenada, con el tiempo, la harina pierde color de forma natural. Como el almacenaje resultaba costoso, en la actualidad este enblanquecimiento se acelera normalmente con gas de cloro, lo que implica que la harina se enriquezca con pequeñas cantidades de niacina, riboflavina, tiamina y hierro para compensar las vitaminas y minerales que se pierden con el molido con acero.

Actualmente, vuelve a ser más habitual la práctica ancestral de moler el trigo entre muelas de piedra que giraban lentamente, técnica que se utilizó ininterrumpidamente durante miles de años (primero movidas manualmente, más tarde por norias y actualmente con electricidad). A medida que el consumidor va adquiriendo más importancia, la harina de mayor calidad molida a la piedra, en otra época sólo disponible en el sector de la panadería o en establecimientos de productos naturales, puede encontrarse con mayor facilidad en los supermercados. Sin embargo, todavía se encuentra en un estadio inicial si se compara con Francia, donde hay unos 2.500 molinos pequeños independientes (en Gran Bretaña posiblemente existan unos 25). La diferencia más importante entre las harinas francesas y las británicas reside en que las primeras se muelen a una velocidad menor, de manera que se obtiene una harina con mayor contenido en gluten. Los panaderos británicos consiguen harinas con mayor contenido en gluten mediante la adición de otras harinas más fuertes importadas de Canadá, que se mezclan con la harina autóctona, una práctica que resulta muy costosa debido a las elevadas tarifas de importación. Cuanto mayor es el nivel de proteínas, menor es el contenido en fibra.

Las harinas blancas no descritas como de fuerza poseen un bajo contenido en gluten, o, lo que es lo mismo, son «blandas». Como regla general, las harinas para la elaboración de pan son más duras. En este sentido, el contenido en gluten de la más fuerte se sitúa en más de un 14 % del peso total. Algunas harinas para la elaboración de pan, como la francesa T550, que se utiliza en la elaboración de las baguette, son bastante blandas, aunque tienen otras importantes cualidades, como un bajo cociente de absorción de agua, hecho que las hace ideales para esta aplicación. Por regla general, las harinas blandas se utilizan con fermentadores químicos en masas húmedas para la elaboración de pasteles o bollería. La harina conocida como de autofermentación es una harina blanda a la que se le ha añadido tanto levadura en polvo como otros «mejoradores». «Mejorador» es el término comercial que se emplea para cualquier aditivo que se añade a la harina para acentuar determinada característica, como, por ejemplo, ralentizar el proceso de ranciado, o favorecer y acelerar determinado proceso, como la activación de la levadura. Estos procedimientos son habituales de la panadería industrial, aunque no se utilizan en la elaboración de pan artesanal o doméstico.

Las harinas integrales son más oscuras, debido a que se elaboran con el grano entero o con el endosperma, del mismo modo que son parte del germen de trigo y de la cáscara. Los porcentajes precisos determinan la intensidad del color y de sabor de la harina. Como consecuencia, las harinas integrales tienen un sabor que recuerda a los frutos secos, debido al oleoso germen de trigo. La adición de germen de trigo y fibra implica consecuencias en el sabor y la textura, así como en la acción del gluten, lo que da lugar a una barra de pan menos subida y más densa.

En este libro se utilizan distintas harinas, algunas de manera individual y otras combinadas. En las harinas francesas, el número junto a la T describe el grado de eliminación del grano entero, desde la harina integral más basta hasta la blanca más refinada. La T proviene de *taux des cendres*, el nivel de ceniza que queda después de incinerar la harina en el laboratorio a 900 °C. Cuanto mayor es la cantidad de ceniza, mayor es el nivel de fibra de la harina. Así, pues, el T550 de la harina de baguette indica que después de la incineración de 100 g de harina blanca estándar quedan 55 mg de cenizas.

### TIPOS DE HARINA UTILIZADOS EN BAKER & SPICE

**T450** es una harina refinada blanda de procedencia francesa que se utiliza en la mayoría de los pasteles y bizcochos. Sustituye a cualquier harina ordinaria.

**T550** es la harina francesa de baguette. De textura fina y blanda, pero con un bajo nivel de absorción de la humedad. Sustituye a una mezcla de harina con un bajo contenido en gluten y a una harina de fuerza.

**HARINA ITALIANA «00»** Al contrario que las perfectamente reguladas designaciones T francesas, la descripción «00» de la harina italiana no constituye una descripción absoluta del contenido proteico. Como regla general, describe una harina relativamente fuerte utilizada básicamente en la elaboración de pasta.

**HARINA DE FUERZA BIOLÓGICA DE DOVES FARM** Una clásica harina blanca molida a la piedra de Hungerford.

**HARINA BLANCA DE FUERZA CHURCHILL** Similar a la Doves Farm.

**HARINA CREMA IRLANDESA DE ODLUM** Una harina blanca de autofermentación. Es la mejor que se ha encontrado para el pan de soda y los *scones*. También se utiliza en la elaboración de pasteles.

***FARINE DE MEULE* (T850)** Una harina francesa ligeramente integral, de color rosado y sin partículas visibles de salvado.

***FARINE DE MEULE* (T1.100)** Harina francesa 100 % integral, con la totalidad de la cáscara y el germen.

**HARINA *GRANARY*** Harina 100 % integral con trigo entero malteado y granos de cebada.

**HARINA INTEGRAL BIOLÓGICA INGLESA** Contiene el 100 % del grano. Es una harina morena fuerte.

***CAMPAILLOU*** Desarrollada en Francia en 1970, incluye malta y levadura seca para conferirle un aroma ligeramente ácido. Contiene el catalizador de levadura amilamilasa.

***FARINE DE SEIGLE*** Una harina francesa 100 % de centeno, oscura y con un sabor característico. Su inclusión en la masa de pan modifica notablemente el color, al mismo tiempo que la composición química del centeno inhibe la acción del gluten de la harina de trigo con la que se mezcla, lo que da lugar a una textura más densa.

# NOTAS PARA EL COCINERO

• En las recetas que fermentan con levadura activa de panadero, en la panadería se utiliza levadura fresca, aunque al adaptar las recetas se ha optado por la levadura rápida o fácil de mezclar. La levadura rápida en gránulos se encuentra fácilmente, es de confianza y totalmente fiable. Si se desea utilizar levadura de panadero fresca, simplemente la cantidad debe duplicarse. Así, pues, un sobre de 7 g de levadura rápida equivale a 15 g de levadura de panadero fresca.

• La cantidad de levadura utilizada conlleva consecuencias en el tiempo de fermentación y en la subida de la masa, así como en la textura y la calidad de conservación del pan. Cuanta menos levadura se utilice, más tardará el pan en fermentar. Un exceso de levadura acelerará la fermentación, pero producirá una corteza fina y un pan que se endurecerá rápidamente.

• La temperatura a la que el agua debe añadirse a la masa debe determinarse en función de otras temperaturas. Así, si la harina se guarda en un lugar fresco y el cuenco de la amasadora está frío, deberá compensarse con agua más caliente y calentando el cuenco de mezclar. La temperatura de la masa debe situarse entre los 22-24 °C. También influye la temperatura ambiente de la cocina.

• La temperatura ambiente es un dato clave en la actividad de la levadura. Mientras que las levaduras actúan a temperaturas de hasta 3 °C, la mayoría de las masas suben a temperaturas que maximizan la fermentación. Cuando el ambiente es muy cálido, lo ideal es que el armario de aireación mantenga una temperatura de 28-30 °C. En los demás casos, un «lugar cálido» implica una temperatura de alrededor de 20-23 °C, al abrigo de las corrientes de aire. Cuando se requiere una temperatura específica se indica en la receta.

• En todas las recetas se utilizan huevos de tamaño medio, entre 53 g y 65 g.

• La sal que se emplea es la maldon, la mejor sal marina en copos. Para que se distribuya bien, es aconsejable moler un paquete para conseguir un grano fino y uniforme.

• En todas las recetas se utiliza agua mineral sin gas. Puede utilizar agua corriente, aunque la mineral no contiene cloro u otras sustancias que puedan impedir la actividad de la levadura. Esto es muy importante en el caso de las levaduras silvestres, ya que son sensibles a las sustancias químicas, incluso en una concentración muy baja. Por la misma razón, se recomienda la utilización de ingredientes biológicos. Cuanto menos contaminada esté el agua y la masa madre de harina, con mayor celeridad y agresividad crecerán y trabajarán las levaduras ambientales.

• Si se hornea adecuadamente, cualquier pan perderá bastante humedad. Con la experiencia, y gracias al olor y al aspecto, puede saberse cuándo un pan está cocido. Una prueba práctica consiste en pesarlo antes de introducirlo en el horno. Una vez cocido, debe haber perdido el 20 % de su peso en crudo.

# HORNOS Y EQUIPO

Todas las recetas de este libro se han probado en hornos estándar modernos, tanto de gas como eléctricos sin convección. Antes de empezar a hornear, es necesario disponer de un termómetro de horno y comprobar la temperatura máxima que puede alcanzar el horno. Es importante estar preparados para una desagradable sorpresa. Incluso los hornos más nuevos y de precio más elevado de las mejores marcas pueden no alcanzar los 250 °C que se necesitan, como mínimo, para el horneado inicial de muchos panes. Si el horno está muy por debajo de esta temperatura, se debe revisar. Normalmente, el fallo reside en el mal funcionamiento del termostato o en un incorrecto calibrado del horno. Existen algunas empresas que realizan reparaciones y mantenimiento del horno y que podrán solucionar el problema.

Más difícil de solventar es el mal funcionamiento de un horno de gas debido a la presión del gas. Si ésta es la causa de que el horno no alcance altas temperaturas, es necesario ponerse en contacto con la compañía de gas. La presión del gas puede disminuir si la distribución interior del gas de la casa está conectada a otros usos, como una caldera de calefacción central.

Como cualquier apasionado de la cocina sabe, nunca se dispone de suficiente equipo y siempre se encuentra uso a un nuevo cuenco, unas varillas o tamiz.

Para elaborar pan, debe disponer de balanzas precisas. Otro utensilio interesante es una batidora eléctrica de gran potencia. Las harinas fuertes requieren un amasado vivo y prolongado, lo que supone un duro trabajo si se realiza a mano.

Siempre que ha sido posible se ha optado por recomendar los requerimientos mínimos en lugar de los máximos. Así, en lugar de la pala de madera que utilizan los panaderos en el horno, se sugiere la utilización de una placa metálica sin bordes para hornear. Un pulverizador facilitará la creación de vapor, pero es necesario asegurarse de que se ha lavado bien, especialmente si anteriormente contenía algún producto de limpieza.

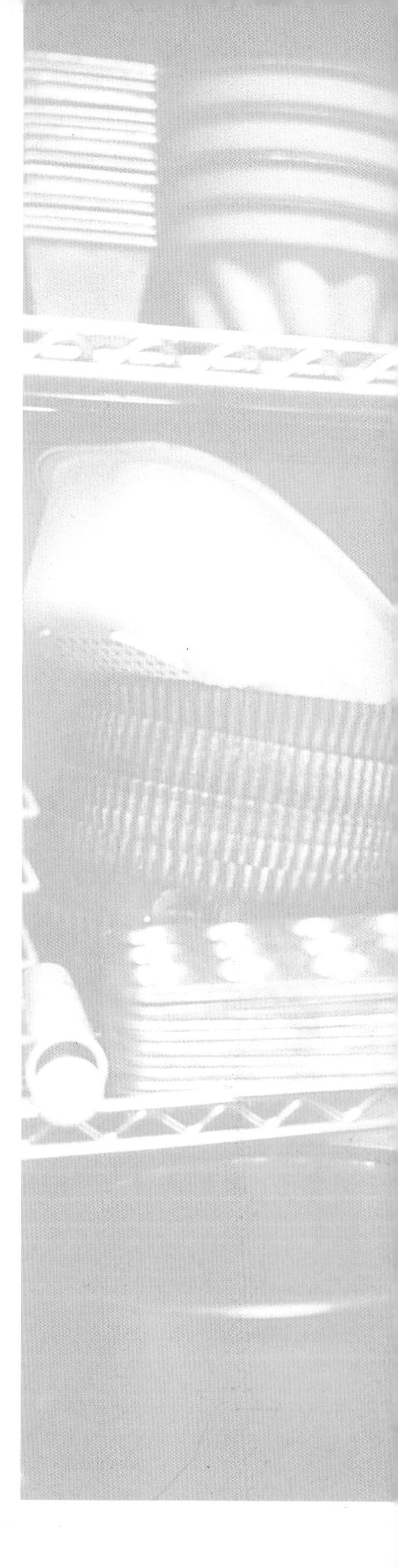

**SE DEBE DISPONER DE:**

jarras y cucharas medidoras
balanza (con incrementos de 5 g) – es preferible una digital
batidora con accesorio amasador, pala y varillas
batidora de varillas manuales
robot de cocina
cuencos de distintos tamaños
recipientes de plástico para las masas levadas (2 litros con tapa)
numerosas cucharas de madera
tabla de madera para cortar
rasqueta metálica para la masa
espátulas de plástico y de goma
paleta
tijeras
rodillo
placa de metal para hornear (como pala)
paños de lino
termómetro de horno
diversas placas pesadas de horno
moldes antiadherentes para brazo de gitano
moldes para barras de 500 g y 1 kg
moldes para bizcocho de distintos tamaños, tanto redondos como rectangulares
moldes para tarta de base desmontable (grandes e individuales)
cortapastas
manga pastelera y bocas
regla de acero
lámina de silicona o papel sulfurizado para horno
cuchilla u hojas de afeitar
brocha o pincel de repostería
pulverizador de agua
broqueta para comprobar la cocción del bizcocho
rejilla para dejar enfriar

**OPCIONAL, PERO ÚTIL:**

calculadora
cronómetro digital
brocha para la tabla de harina
espolvoreador de harina
cestos forrados de lino para fermentar
piedra para hornear
termómetro para freír/azúcar – es preferible uno digital
placa de mármol para estirar la masa
moldes de *brioche* grandes y pequeños
anillos metálicos

# MANIPULACIÓN DE LAS MASAS DE PAN

La manipulación de cualquier masa de pan determinará la facilidad con que se controlará su moldeado y desarrollo. Asimismo, afectará a la forma en que sube y, en última instancia, a la textura del producto horneado. Nunca se debe ser agresivo, sino que se recomienda suavidad, ya que se potencia la elasticidad, gracias a la mejor distribución del gluten, así como una miga de mejor calidad.

1

2

## Elaboración de una masa blanda

Muchos de los panes de Baker & Spice son producto de una masa muy húmeda y difícil de trabajar. Es demasiado pegajosa para amasarla a mano y puede suponer una resistencia excesiva para la batidora eléctrica. Sin embargo, con un amasado mínimo, pero continuo, durante un largo proceso de fermentación, es posible airear y desarrollar la masa con un escaso esfuerzo y un resultado óptimo.

Se utilizan deflaciones suaves y repetidas durante la subida inicial, lo que en francés se conoce como *donner le tour*. Para que la masa no se adhiera, se utiliza un poco de harina o de aceite de oliva. Cada uno de los «giros» estira ligeramente la masa, mientras que la levadura sigue actuando en las cadenas de gluten. En el último «giro» se obtendrá una masa blanda satinada, sin grumos y elástica al tacto.

1

2

3

**MEZCLAR LA MASA**
Introduzca los ingredientes secos en un cuenco grande y añada primero la levadura mezclada con el líquido. Seguidamente, incorpore el resto de ingredientes. Mezcle con las manos hasta que la preparación forme una bola en el centro del cuenco (1, 2, 3). Al principio creerá que la masa está demasiado líquida y pegajosa. Sin embargo, el elevado contenido en agua contribuye a que se formen los agujeros del pan.

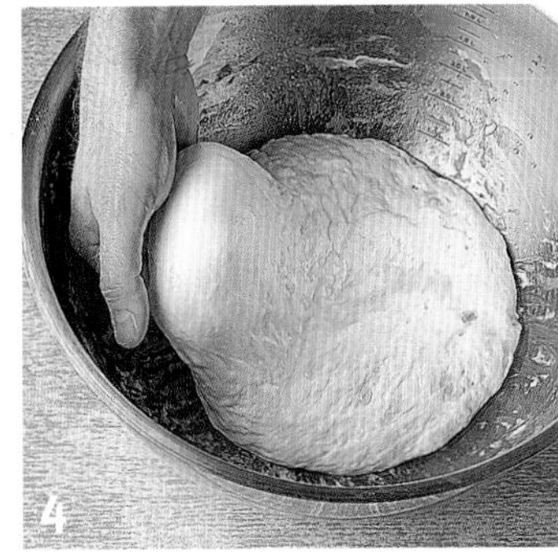

4

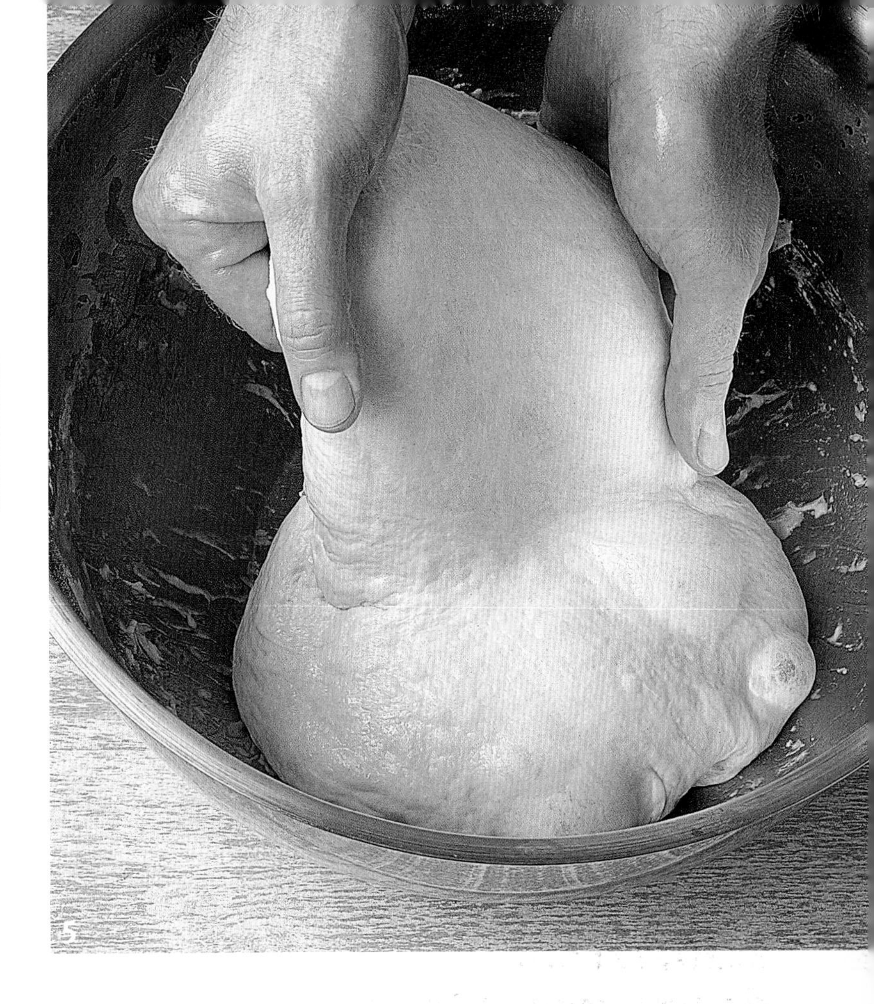

5

### POSTERIORMENTE, SI LA RECETA INCORPORA ACEITE

Vierta un poco de aceite sobre la masa y úntese con él las manos antes de voltearla (1). Gire el cuenco y, cada vez que lo haga, continúe llevando la masa hacia abajo, con las yemas de los dedos, hasta que la parte superior quede homogénea (2). Cubra el cuenco con película de plástico y deje reposar en un lugar templado 45 minutos. Repita hasta obtener una masa satinada (3, 4, 5).

1

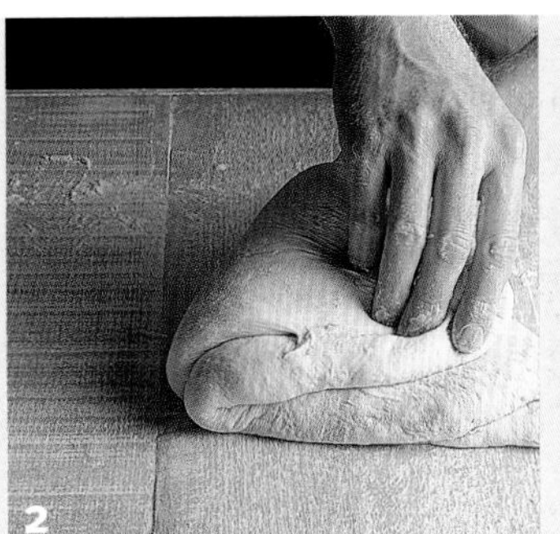

2

3

### O, SI LA RECETA NO INCLUYE ACEITE

Espolvoree ligeramente con harina la superficie de trabajo. Vierta la masa, espolvoréela y úntese las manos con harina. Empiece a golpear la masa con firmeza con la palma de la mano hasta obtener un rectángulo de unos 5 cm de grosor. El tamaño exacto dependerá de las cantidades empleadas en la receta.

Con la palma de la mano, forme con la masa un rectángulo. Dóblelo por la mitad (1), y, posteriormente, en tres partes, en dirección contraria, hasta que la masa quede doblada como si se tratase de una manta (2, 3). Espolvoree el cuenco con harina y vuelva a introducir la masa. Cubra y deje reposar en un lugar templado 45 minutos, o según las indicaciones de la receta.

Tanto si utiliza el método del aceite como el de la harina, repita el proceso, tal y como se indica en la receta, durante la fermentación. Obtendrá una masa homogénea y sin ningún tipo de grumos.

# Amasado de una masa dura

Amasar no es un arte, sino una habilidad susceptible de aprenderse. Si se observa a un panadero profesional, resulta sorprendente la velocidad a la que trabaja, e impresiona la economía de sus movimientos. Un panadero tiene que trabajar con rapidez, ya que incluso en las panaderías artesanales el rendimiento es asombroso. La velocidad no es un capricho o un espectáculo, sino una necesidad, puesto que sin esa velocidad y energía concentrada el pan no estaría en la tienda a tiempo o en cantidad suficiente para satisfacer la demanda de los consumidores. Al trabajar en un ambiente doméstico, la velocidad no es importante (sólo se va a preparar unas cuantas barras), sino que todo se centra en el amasado, por lo que no se tarda en adquirir la sensibilidad necesaria. Cuando descubra lo delicioso que puede ser el pan casero y lo poco que cuesta hacerlo, dejará de ser algo excepcional y se convertirá en un panadero experimentado. La reiteración y la práctica mejorarán los resultados y cada

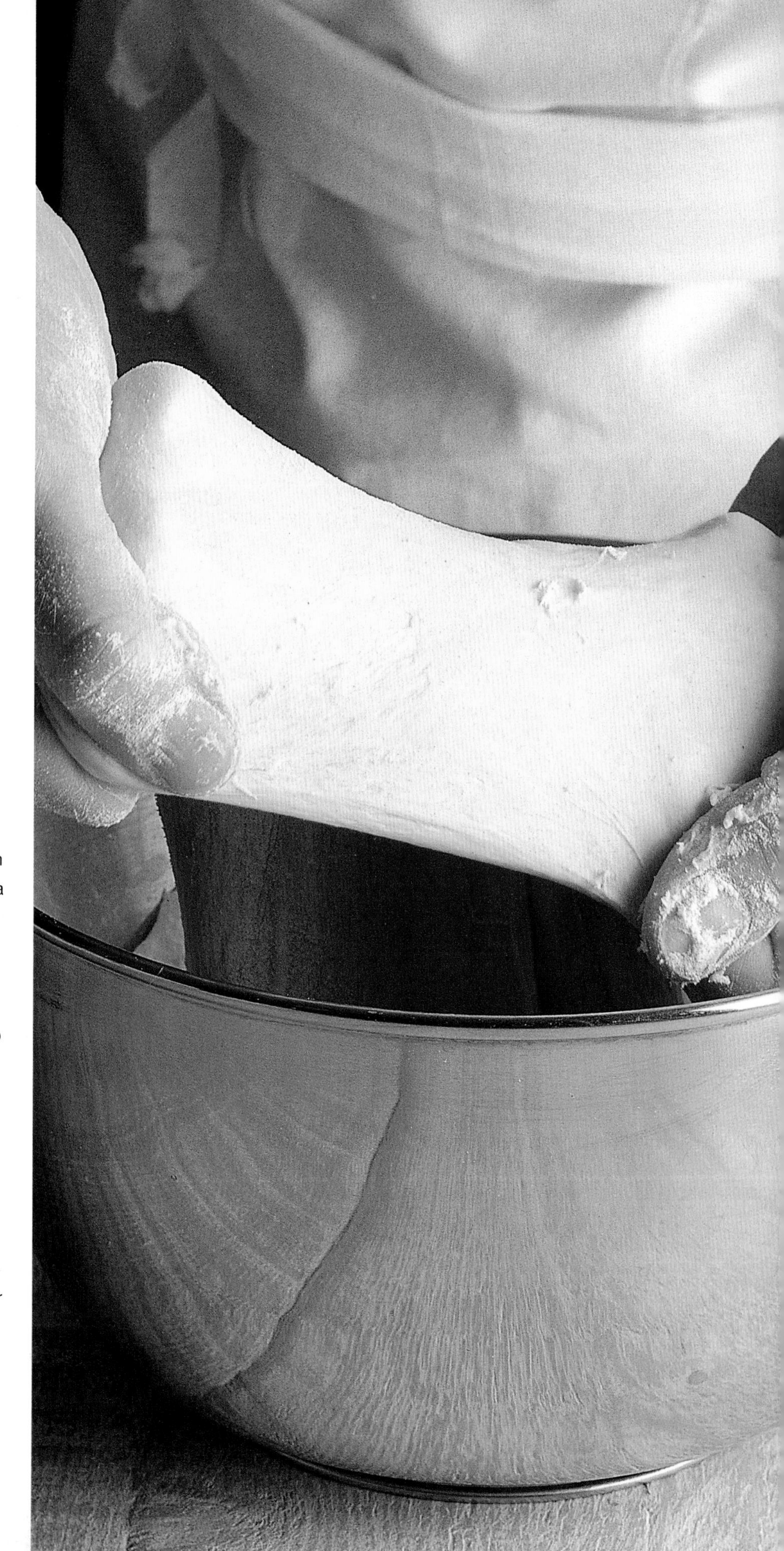

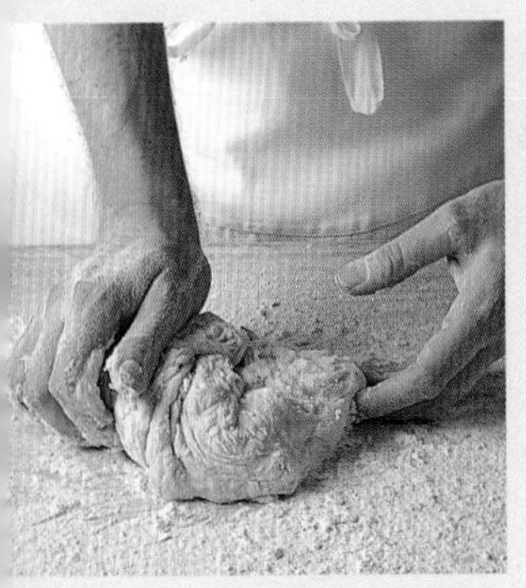
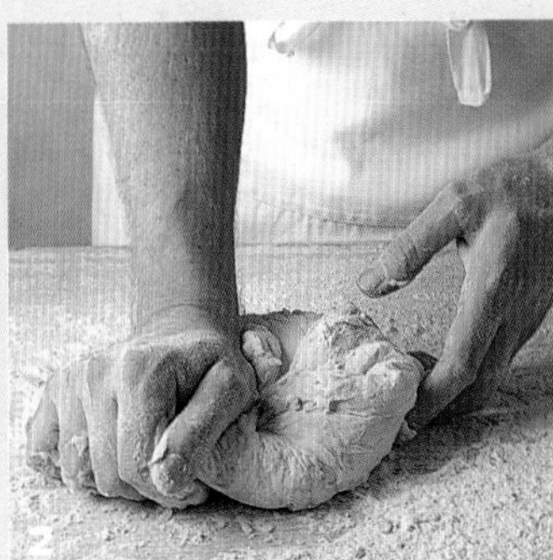

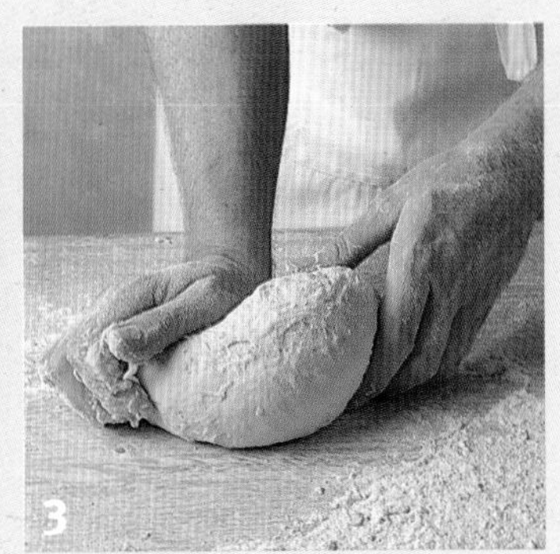

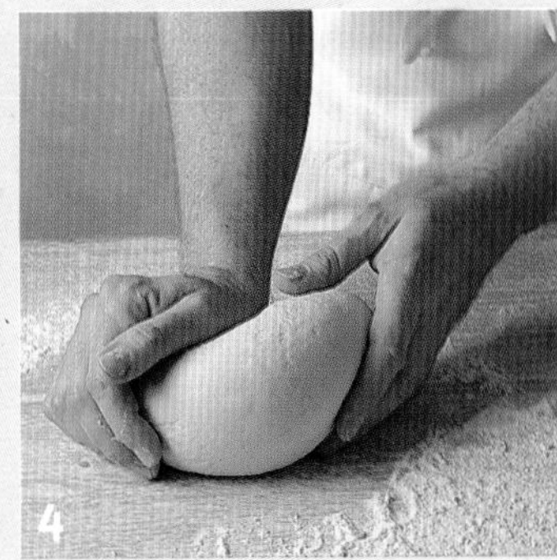


vez precisará menos esfuerzo. El único secreto para crear la misma masa sedosa y homogénea que un panadero profesional radica en una manipulación enérgica, pero ligera, así como en ser consciente de los cambios de estado críticos de la masa a medida que la va trabajando.

Durante el amasado, con las manos se cambia la estructura de la masa, con lo que se ayuda a crear una mezcla uniforme, y se desarrollan y distribuyen las cadenas de gluten, al mismo tiempo que se potencia la acción de las levaduras. La comprensión de las consecuencias de lo que se está haciendo, y de por qué se hace, le ayudará a desarrollar el método perfecto para obtener siempre un resultado excelente.

**Algunas reglas básicas:**

- Trabaje con rapidez, a ser posible sobre una superficie de madera.
- Mantenga la superficie de trabajo limpia y seca, sólo cubierta por una capa fina de harina.
- Mantenga las manos limpias y sin grumos pegajosos de masa.
- Espolvoree con harina la superficie de trabajo, las manos y la masa sólo en caso necesario.
- Trabaje de forma suave pero enérgica, con ligereza de manos. La masa es dura y resistente y es necesario dominarla y no al contrario.

**El método**

Espolvoree ligeramente con harina tanto la superficie de trabajo como sus manos. Coloque la masa sin trabajar sobre la superficie y empiece a replegarla hacia el centro (1). Al doblar cada esquina, presione con la palma. Gire la masa un cuarto de vuelta y repita nuevamente el proceso, hasta que todos los bordes se hayan plegado (2).

Doble la masa por la mitad hacia usted, evitando que se retraiga, con la ayuda del pulgar (3). Presione ligera y suavemente la masa con la mano, sin utilizar el pulgar, girándola un cuarto de vuelta con el mismo movimiento. Repita, concentrándose en el proceso, la fluidez y el ritmo. Durante 10 minutos debe olvidarse del mundo que le rodea. Debe concentrarse únicamente en doblar, presionar y aplastar con la palma de la mano, girando un cuarto de vuelta la masa y repitiendo la acción una y otra vez. La textura cambiará y la masa se tornará pegajosa. En este momento será necesario espolvorear de nuevo con harina tanto la superficie de trabajo como las manos. Las veces que tendrá que hacerlo oscilará y dependerá de la sensación que le produzca la masa en las yemas de los dedos.

Mientras amasa, en algunas ocasiones deberá detenerse para limpiar la superficie de trabajo; para ello, utilice una rasqueta y retire los trozos de masa. Añada un poco de harina cuando sea necesario, únicamente en la superficie bajo la masa y en las manos. La experiencia le mostrará con qué frecuencia debe hacerlo. Posteriormente, la masa adquirirá una textura suave y elástica (4).

# Dar forma al pan

Parece paradójico; sin embargo, se trata más de moldear la masa que de conferir una forma aproximada que sugiera la forma del pan acabado. Para obtener distintas formas se utilizan diversas técnicas, en las que el amasado y plegado iniciales contribuyen a la forma final ya horneada.

## UNA HOGAZA REDONDA

Coloque la masa sobre la superficie de trabajo ligeramente espolvoreada con harina. Aplánela ligeramente con las yemas de los dedos, doble los bordes hacia el centro y presione hacia abajo con firmeza. Gire la masa 20° en sentido contrario a las agujas del reloj y repita el plegado y la presión con otro borde de la masa. Continúe girando y doblando la masa hasta que todos los bordes se hayan replegado hacia el centro.

Seguidamente, dé la vuelta a la bola de masa, de manera que la cara inferior lisa mire hacia arriba. Rodee la masa con las manos, arrástrela y gírela con firmeza a lo largo de la superficie de trabajo. Posteriormente, levante la masa, vuelva a colocarla en el lugar inicial y repita varias veces el proceso. Con ello compactará la masa y ayudará a alinear las cadenas de gluten, lo que, a su vez, permite que la masa suba de forma espectacular durante el horneado.

## UNA BAGUETTE

Coloque la masa sobre la superficie de trabajo ligeramente espolvoreada con harina. (Un exceso de harina sobre la superficie de trabajo impedirá el correcto amasado.) Póngase un poco de harina en las manos. Golpee ligeramente la masa, con la ayuda de las manos, para aplanarla ligeramente. Doble el borde superior de la masa hacia el centro y el borde inferior hacia arriba hasta que ambos se encuentren. Presione con las yemas de los dedos (1). Empezando por uno de los extremos y, con un movimiento continuo, enrolle la masa hacia usted, mientras cierra la unión con las yemas de los dedos de la otra mano, trabajando toda su longitud (2). Repita este movimiento dos o tres veces hasta obtener una masa en forma de salchicha, sin ningún tipo de grieta.

Acabe haciéndola rodar con la palma de las manos; desplácelas desde el centro del cilindro hacia los extremos (3) para conseguir que sea todavía más fino y alargado (4).

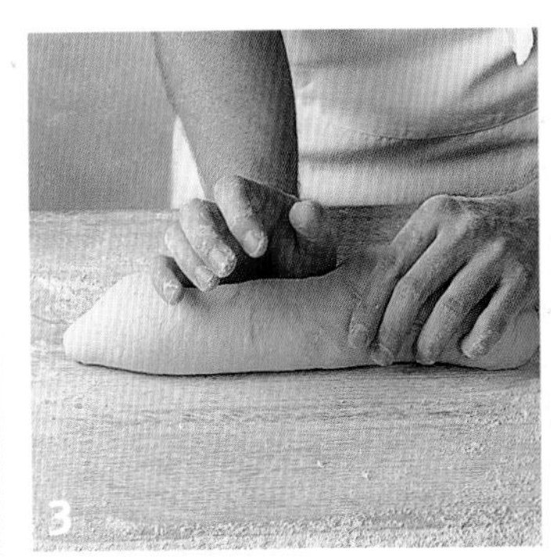

## UNA BARRA

Coloque la masa sobre la superficie de trabajo espolvoreada con harina y amase ligeramente hasta conseguir una bola. Aplánela con las manos para obtener un rectángulo. Doble el borde superior de la masa hacia el centro. Presiónela con la punta de los dedos. Seguidamente, doble los extremos derecho e izquierdo de la masa unos 2 cm, formando un ligero ángulo, de manera que la masa adquiera una forma vagamente triangular (1). Presione con fuerza estos bordes para que se unan. Posteriormente, doble el borde superior de la masa hasta alcanzar el borde inferior y adhiéralo con firmeza con la ayuda de los dedos (2). Por último, dé la vuelta a la masa, de manera que los bordes se inviertan, y doble una vez más el borde superior hasta encontrar el borde inferior; séllelos con la mano (3). Dé la vuelta a la masa, de modo que la unión quede en la parte superior (4).

# Dar forma a los panecillos

Es posible elaborar panecillos a partir de prácticamente cualquier masa, aunque los nuestros básicamente son de pan blanco (*véase* pág. 52). Muestran una atractiva y crujiente corteza con un ligero, pero consistente interior.

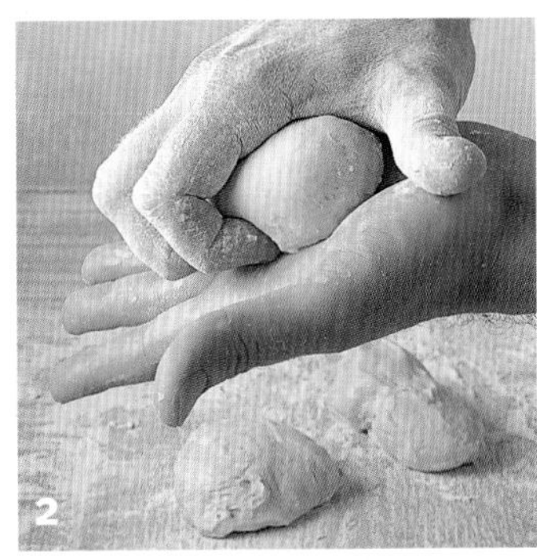

**UN PANECILLO REDONDO**

Tome un pedazo de masa de 30-50 g. Espolvoree ligeramente con harina la superficie de trabajo y la palma de las manos. Si es diestro, debe ser capaz de sostener la masa con la mano izquierda, ahuecar la mano derecha alrededor de la masa y trabajar con los dedos por la parte inferior (1). Ahora, déle vueltas con la mano derecha, manteniendo los dedos debajo de la masa. El secreto consiste en mantener la palma ahuecada, de manera que la masa se acople, quedando relativamente libre de harina, con los dedos curvados y con la palma de la mano que presiona y gira la masa bastante cubierta de harina. Gradualmente, irá advirtiendo que la bola de masa irá adquiriendo una textura homogénea e irá formando una capa lisa en la superficie superior (2). Si no lo consigue, el panecillo no mantendrá su forma durante el horneado. Con práctica, el moldeado de un panecillo redondo no implica más de 5-10 segundos.

Espolvoree ligeramente con harina el paño donde dejará reposar la masa. Coloque el panecillo con la superficie lisa hacia abajo sobre el paño espolvoreado de harina. Dé forma al resto de los panecillos y colóquelos sobre el paño con la superficie lisa hacia abajo; deje un espacio de unos 3 cm entre cada uno para permitir que la masa leve y aumente de volumen.

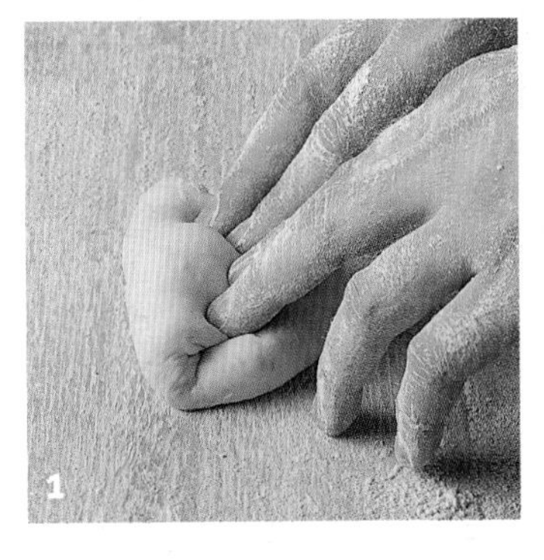

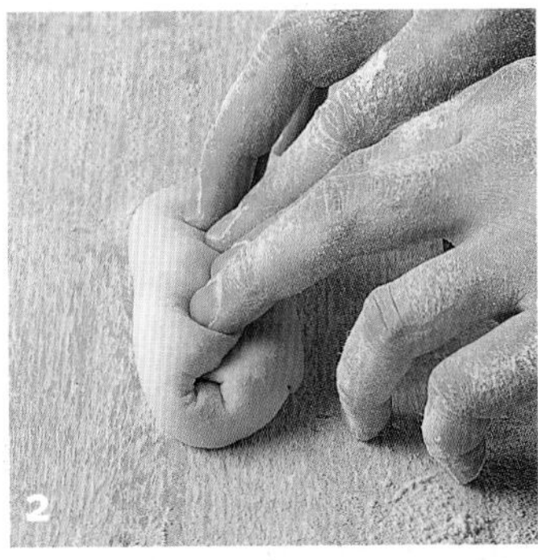

**UN PANECILLO ALARGADO**

Tome un pedazo de masa de 50-70 g. Espolvoree con harina las manos y aplaste el trozo de masa sobre la superficie de trabajo enharinada hasta obtener un rectángulo. Doble las dos esquinas superiores hacia el centro, formando una parte superior triangular y una base plana. Presione con firmeza las esquinas contra la masa. Posteriormente, doble la mitad superior hacia el centro de la masa (1). Con la punta de los dedos, presione la esquina con firmeza contra el centro. Dé la vuelta a la masa, de manera que el borde que previamente estaba abajo se sitúe arriba. Doble nuevamente las dos esquinas superiores hacia el centro y séllelas con la punta de los dedos (2). Seguidamente, doble el borde superior hacia el centro y séllelo con firmeza con los dedos. Doble la masa por la mitad y selle los bordes con la palma de la mano, empezando por un extremo y siguiendo toda su longitud con cuidado hasta el otro extremo.

Dé la vuelta al panecillo para que la unión quede en la parte inferior. Ahueque las manos sobre los extremos del cilindro, doblando los dedos alrededor de la masa. Presione y balancee hacia delante y hacia atrás; aumente la presión en los bordes de la palma para que los extremos queden más estrechos. Retuérzalos hasta formar las puntas.

Espolvoree ligeramente con harina un paño y coloque encima el panecillo con la superficie lisa hacia abajo. Dé forma al resto y colóquelos sobre el paño; es conveniente dejar unos 3 cm entre ellos para permitir que la masa leve.

# Hornear con levaduras silvestres

En el aire existen millones de esporas microscópicas de levadura. Cuando el hongo del azúcar de la cerveza coloniza una mezcla de harina y agua se produce una lenta fermentación, en la cual se desprende anhídrido carbónico y el pan resultante adquiere un aroma ácido característico. Los primeros panes fermentados fueron fruto de la casualidad debido a la colonización y a la acción accidental de este tipo de levaduras presentes en el aire. Los egipcios, hace 6.000 años, descubrieron que, al mezclar la masa con la espuma que se producía sobre la cerveza durante la fermentación, ésta subía, un adelanto que permitía al panadero controlar el proceso y conseguir resultados satisfactorios.

A mediados del siglo XIX, la mayoría de los panes se elaboraban con levadura de cerveza comercial, que genera gas de manera más agresiva que las levaduras silvestres. Así, la masa leva con mayor rapidez y, por lo tanto, produce un pan más dulce, de sabor más suave y ligero. No obstante, los panes de masa ácida siguen fermentándose lentamente con una masa madre colonizada por levaduras silvestres.

# Panes de masa ácida

Los panes de masa ácida fermentan gracias a levaduras naturales microscópicas que se encuentran en el aire que nos rodea. Los panes reciben esta denominación debido al característico aroma que adquieren durante la prolongada fermentación de la masa de harina de trigo. Se trata de panes consistentes, rústicos, que se conservan bien y que, con frecuencia, se hornean en grandes hogazas (el *miche* francés, de forma ovalada, pesa normalmente 2 kg). Algunas culturas han apreciado su sabor único, la fuerte corteza y la textura consistente de los panes de masa ácida. El *pain au levain* francés, el *pagnotta* italiano y los panes de centeno alemanes constituyen magníficos ejemplos del pan elaborado con levaduras silvestres.

La utilización de levaduras silvestres en la fermentación del pan se remonta, como mínimo, a unos 6.000 años. El cómo y el porqué estas levaduras hacían subir la masa no se conoció hasta 1857, cuando Louis Pasteur descubrió que producían anhídrido carbónico como resultado de la fermentación. Cuando la levadura silvestre, conocida como hongo del azúcar de la cerveza o levadura de cerveza, anidaba en un ambiente adecuado, se producía la fermentación y, como consecuencia, la producción de anhídrido carbónico y la aportación de un característico aroma ácido a la masa.

La levadura de cerveza es el agente de fermentación perfecto para las harinas de fuerza, con un alto contenido en gluten, ya que produce gas de forma lenta, durante horas o incluso días. El gas queda atrapado en forma de burbujas debido a las excepcionales cualidades de elasticidad y plasticidad del gluten, una combinación de dos proteínas que se encuentran en el grano de trigo. Cuando se humedecen se unen para formar unas cadenas finas y elásticas. Éstas constituyen membranas que atrapan el gas, haciendo que la masa suba y se obtenga el pan levado, que difiere del pan ázimo. Cuando la masa ya levada se introduce en un horno caliente, las burbujas de gas se expanden todavía más y la masa se cuece a su alrededor dejando huecos donde se hallaba el gas, lo que da como resultado un pan de textura ligera.

Con casi toda seguridad, los primeros panes levados se obtuvieron accidentalmente debido a la colonización y acción fortuita de las levaduras del aire, hasta que los egipcios descubrieron que, cuando la espuma que se producía en la cerveza durante el proceso de fermentación se mezclaba con la masa, ésta subía. Otras culturas realizaron el mismo descubrimiento, aunque mucho más tarde. Así, por ejemplo, los romanos advirtieron que los celtas utilizaban la espuma o levadura de la cerveza para la elaboración del pan. En Inglaterra, en el siglo XII, se amasaba en una «masera ácida», que no se limpiaba nunca, de manera que los restos

de masa fermentada activaban la siguiente hornada. La espuma de cerveza se siguió utilizando bastante en panadería hasta la primera mitad del siglo pasado. Desde entonces, la mayoría de los panes fermentan con levaduras «activas» producidas de manera artificial, tanto en cultivo como en seco. Éstas hacen levar la masa con rapidez y, por lo tanto, producen un pan más dulce, menos aromático y de menor consistencia.

Sin embargo, el pan de masa ácida sigue elaborándose con pasta o masa madre colonizada por levaduras presentes en el aire. Entre los panaderos de EE.UU. y Gran Bretaña, las masas madre se conocen como *poolish*. Este término procede de *Polish* (polaco) o *Poland* (Polonia), un país más conocido por sus panes de centeno que por sus masas ácidas, pero gracias a la emigración de sus panaderos, en un primer momento por Europa, y, posteriormente, más allá del Atlántico, exportó sus conocimientos y técnicas. La larga fermentación de la masa desarrolla los ácidos que confieren al pan su característico aroma ácido. *Levain* es el término que se utiliza para designar una vieja masa madre fermentada de manera natural. Procede del francés *lever*, que significa levar o subir. El secreto de la elaboración de estos deliciosos y destacables panes consiste en conseguir el ambiente adecuado para las levaduras transportadas por el aire.

La cantidad de masa ácida *poolish* o *levain* que una determinada receta precisa se ha ajustado para conseguir un resultado óptimo. Muchos panaderos profesionales utilizan estrictamente un 2 % de levadura sobre el peso de la harina. En Baker & Spice no lo hacemos así, ya que creemos que esta falta de flexibilidad sólo limita y restringe la posible producción. No obstante, constituye el punto de partida cuando se desarrolla una receta.

En las recetas de *poolish*, se indican las temperaturas del ambiente precisas para las diferentes etapas de la fermentación. No obstante, no se trata de una ciencia, por lo que no constituyen datos absolutos, pero cuanto más se aproxime a las temperaturas recomendadas, mejores serán los resultados. Siempre se debe mantener el *poolish* alejado de las corrientes de aire y evitar las oscilaciones de temperatura.

El *poolish* no debe estar frío en el momento de incorporarlo a la masa, de manera que se debe sacar del frigorífico como mínimo 2 horas antes de utilizarlo. Por el contrario, el *levain* puede utilizarse después de sacarse del frigorífico.

# MASAS MADRE DE LEVADURA SILVESTRE

La elaboración de una masa madre de levadura silvestre no resulta ni difícil ni tediosa y produce gran satisfacción. Simplemente, debe crear un ambiente en el que puedan trabajar las levaduras presentes en el aire. La magia se encuentra en las consecuencias de la fermentación. Algunas masas madre pueden mantenerse activas prácticamente de manera indefinida (se dice que las masas madre de masa ácida han pasado de generación en generación).

**Cuando se añaden uvas o pasas a la mezcla, la levadura silvestre actúa con mayor celeridad**

## Masa madre de masa ácida de San Francisco

**Nuestra masa madre de masa ácida de San Francisco, que es un *poolish*, emula la práctica de la panadería artesanal americana de utilizar yogur.**

**El *poolish* hará subir la masa cuando se inicie la fermentación; sin embargo, en la panadería advertimos que se precisaba un par de semanas para que desarrollara su auténtico aroma. En ocasiones, el panadero nos facilitará un trozo de masa madre de levadura silvestre que ha desarrollado el aroma, y que puede añadirse a la pasta antes de incorporar la fruta.**

**El batido enérgico y prolongado es importante para la elaboración de la masa madre. Con ello se asegura que la fermentación se produzca con rapidez y de forma agresiva. Más adelante, esta actividad frenética se ralentiza deliberadamente, ya que se pasa de la generación de anhídrido carbónico necesario para que la masa suba al desarrollo del aroma y la textura del pan ya acabado.**

1 CUCHARADA DE HARINA DE CENTENO O DE TRIGO INTEGRAL MOLIDA A LA PIEDRA
300 G DE HARINA DE FUERZA BLANCA
300 G DE YOGUR BIO DESNATADO
200 ML DE ZUMO DE MANZANA
100 G DE UVAS O PASAS ENJUAGADAS Y ESCURRIDAS

Vierta las harinas, el yogur y el zumo de manzana en el cuenco de una batidora eléctrica equipada con varillas. Bata durante 10 minutos a velocidad mínima, momento en el que obtendrá una pasta ligeramente grumosa. Aumente la velocidad y bata otros 5 minutos, o hasta que la mezcla esté espesa, elástica y con burbujas. Añada las uvas o las pasas, que favorecerán que las levaduras del aire inicien su trabajo con mayor rapidez.

Vierta la mezcla en un cuenco limpio de 3 litros. Espolvoree la superficie con un puñado de harina blanca y cubra con película de plástico. Coloque el cuenco en un lugar muy cálido (28 °C) y deje reposar unas 24 horas. El ambiente caldeado es necesario para que se desencadene la fermentación de la pasta.

Al día siguiente, la pasta debe haber subido de forma notable e incluso haber doblado su volumen. Bátala durante un minuto con unas varillas manuales y después añada una mezcla de refresco, constituida por:

150 g DE YOGUR BIO DESNATADO
150 ml DE LECHE ENTERA

Una vez adquiera una textura homogénea, pase la mezcla por un tamiz colocado sobre un cuenco limpio y deseche la fruta. Posteriormente añada:

300 g DE HARINA DE FUERZA BLANCA

Mezcle bien con una cuchara de madera durante uno o dos minutos y deshaga cualquier posible grumo de harina. Raspe bien las paredes del cuenco y espolvoree de nuevo con harina la superficie de la pasta antes de cubrir el recipiente con película de plástico. Deje reposar en un lugar cálido (aprox. 21 °C) durante 24 horas. Ahora dispondrá de una masa madre activa que puede conservarse en un recipiente de plástico tapado en el frigorífico.

La masa madre puede utilizarse inmediatamente, aunque es mejor esperar un par de semanas para que desarrolle algunas de sus características aromáticas especiales. Cada día es necesario refrescarla mediante la adición de la misma mezcla de yogur, leche y harina que se ha indicado anteriormente.

Si olvida refrescar la masa madre, descubrirá que se separa y cesa la fermentación. Puede reactivarse batiéndola con un poco de harina, yogur y zumo de manzana. También puede congelar la masa madre y reactivarla una vez descongelada y a temperatura ambiente.

## *Biga* ácida

**Versión italiana del *poolish*, esta masa madre se basa en harina «00», que puede adquirirse en un establecimiento especializado en productos italianos, así como en algunos supermercados.**

EL ZUMO DE 2 NARANJAS
2 CUCHARADITAS DE HARINA DE TRIGO INTEGRAL
60 G DE HARINA «00»
1 CUCHARADA DE MIEL FLUIDA
100 G DE HARINA DE FUERZA BLANCA
100 ML DE AGUA MINERAL

Vierta todos los ingredientes en el cuenco de una batidora eléctrica equipada con varillas. Bata a velocidad mínima durante 1 minuto para mezclar y, posteriormente, aumente a velocidad media y bata durante 8-10 minutos.

Pase la pasta a un recipiente de plástico grande, tape y deje reposar en un lugar muy cálido (28 °C) durante 24 horas. Transcurrido este tiempo, la superficie debería estar salpicada de pequeños agujeros, lo que indica que las levaduras empiezan a activarse. Deje reposar otras 24-48 horas para que la masa siga evolucionando. Vierta la mezcla en el cuenco de la batidora equipada con las palas y añada los siguientes ingredientes de refresco:

100 ML DE AGUA MINERAL
150 G DE HARINA «00»

Mezcle a velocidad baja durante unos 3-4 minutos, vuelva a vertir la masa al recipiente de plástico y tape. Deje a temperatura ambiente durante 4-6 horas y conserve en el frigorífico durante toda la noche.

En este momento, la *biga* estará lista para su uso.

# Masa madre de centeno

**Como Polonia, Alemania tiene una gran tradición en panes de centeno. Esta masa madre, un *poolish*, necesita mucha ayuda para iniciar su actividad y es esencial utilizar ingredientes biológicos, ya que las sustancias químicas evitan la colonización de las levaduras.**

**Tras cierto tiempo en el frigorífico, el *poolish* puede dejar de estar activo. Si adquiere un aspecto mucoso y no dobla el volumen en 24 horas en el frigorífico, debe dejarse en un lugar cálido de 6-8 horas. Ganará potencia si se refresca cada día.**

**El yogur desnatado, al poseer menor contenido graso, activa la masa.**

125 G DE HARINA DE FUERZA BLANCA
125 G DE HARINA DE CENTENO MOLIDA A LA PIEDRA Y ALGO MÁS PARA ESPOLVOREAR
150 ML DE ZUMO DE MANZANA
150 G DE YOGUR BIO NATURAL DESNATADO
50 G DE PASAS DE CORINTO

Mezcle las harinas, el zumo de manzana y el yogur en el cuenco de una batidora eléctrica equipada con palas. Bata a velocidad media durante 10-12 minutos. Añada las pasas lavadas y escurridas y conserve en un recipiente de plástico. Espolvoree la superficie con un puñado de harina de centeno para crear una capa de unos 5 mm de grosor. Tape el recipiente, de manera que el contenido quede cubierto, pero no lo cierre herméticamente, y deje reposar en un lugar muy cálido (28 °C) durante 24 horas.

Al día siguiente, bata la mezcla en el mismo recipiente, durante 3-4 minutos, con la mano o con la ayuda de una espátula o un tenedor. Espolvoree un poco más de harina de centeno por encima, coloque nuevamente la tapa y deje reposar otras 24 horas.

Espolvoree 1-2 cucharadas de harina de centeno por encima y vuelva a tapar. Deje reposar de nuevo otras 24 horas.

Al tercer día, la mezcla debe estar repleta de burbujas y su volumen debe haberse duplicado. Retire la mitad de la mezcla (para preparar unas crepes americanas o para desecharla). Tamícela sobre un cuenco y retire las pasas. Posteriormente, refrésquela con los siguientes ingredientes:

150 ML DE ZUMO DE MANZANA
150 G DE YOGUR BIO NATURAL DESNATADO
125 G DE HARINA DE FUERZA BLANCA
125 G DE HARINA DE CENTENO MOLIDA A LA PIEDRA

Bata el zumo de manzana con el yogur y añádalos a las harinas. Mezcle y vuelva a verter la preparación en el recipiente de plástico. Tape y conserve en el frigorífico.

Durante los siguientes 5 días, cada día debe retirar y desechar la mitad del *poolish*. Añada el mismo refresco de zumo de manzana, yogur y harina y conserve en el frigorífico para que fermente. Al sexto día, el *poolish* estará listo para añadirlo a una masa para hornear.

# *Levain* francés básico de Jason

**Se trata de una masa madre excelente, fiable y de fácil mantenimiento. La fermentación del *levain* es mucho más lenta que la que se produce con la levadura activa, aunque los ingredientes biológicos potencian la acción de las levaduras y ayudan a que éstas resulten más rápidas. Las levaduras responden bien al zumo de naranja recién exprimido debido a la vitamina C que contiene. Aunque este efecto acelerador inicialmente es deseable, la cantidad utilizada en los sucesivos refrescos debe reducirse para que no resulte demasiado activa en las últimas etapas.**

**Puede trabajarse a mano o con una batidora eléctrica. Con esta última se incorpora gran cantidad de aire y levaduras.**

100 G DE HARINA DE FUERZA BLANCA
40 G DE HARINA INTEGRAL
3 CUCHARADAS DE AGUA MINERAL
1 CUCHARADA DE MIEL FLUIDA
40 ML DE ZUMO DE NARANJA RECIÉN EXPRIMIDO

Si trabaja la preparación a mano, realice un montón con las harinas sobre la superficie de trabajo. Practique un hueco en el centro y vierta con cuidado el agua, la miel y el zumo de naranja. Mezcle suavemente con los dedos; al trabajar, la harina y el agua se transformarán en una pasta y, después, en una bola de masa. Amase suavemente 7-8 minutos. Si recurre a la batidora eléctrica, vierta todos los ingredientes en el cuenco y amase 8 minutos a velocidad media. Vierta la masa en un cuenco pequeño y limpio, cubra con película de plástico y deje reposar en un lugar cálido 2-3 días.

Cuando el *levain* esté a punto, se habrá aireado, tendrá un aroma dulzón y habrá aumentado la mitad de su volumen (1). Añada el primer refresco:

4 CUCHARADITAS DE ZUMO DE NARANJA
4 CUCHARADITAS DE AGUA MINERAL
50 G DE HARINA DE FUERZA BLANCA
20 G DE HARINA INTEGRAL

Mezcle, sobre la superficie de trabajo, el zumo de naranja con el agua y luego con las harinas para obtener una masa suelta. Amase junto con el *levain* activo, introduzca la masa en un recipiente limpio y seco, cubra con película de plástico y deje reposar en un lugar cálido 15-20 horas. El *levain* debe subir y estar repleto de burbujas al introducir el dedo (2).

Repita el proceso de refresco con las mismas cantidades, tape y deje reposar a la misma temperatura para que fermente de 8-12 horas. El *levain* deberá doblar su volumen y poseer un aroma ligeramente ácido. Está a punto para utilizarse. Si no se va a usar inmediatamente, consérvelo en el frigorífico.

# PANES DE LEVADURA SILVESTRE

Los panes de levadura silvestre tienen aromas más intensos que los elaborados con levaduras comerciales. Con su corteza más fuerte y su miga consistente y perfectamente aireada, son panes con un auténtico carácter e individualidad.

# *Pagnotta*

**Pan clásico de gran aroma, se elabora en toda Italia con pequeñas variaciones regionales y constituye la versión italiana del *pain de campagne* francés. Un panadero experimentado, habituado a trabajar con masas húmedas, podría aumentar la cantidad de agua hasta 150 ml. Cuanto más húmeda esté la masa, mayor será su aireación.**

**Para 2 barras**

500 g de *biga* ácida (*véase* pág. 35), a temperatura ambiente cálida
250 g de harina de fuerza blanca y algo más para espolvorear
250 g de harina «00»
125 ml de agua mineral caliente (a aprox. 20 °C)
1 cucharada de miel fluida
1 cucharada de sal Maldon, molida fina
Aceite de oliva para el cuenco
Polenta para la pala

En el cuenco de una batidora eléctrica equipada con pala, mezcle la *biga* con las harinas. Bata a potencia baja, vaya añadiendo lentamente el agua y mezcle. Cambie la pala por la varilla de amasar. Aumente la potencia de la batidora a media y bata durante 8 minutos, momento en que la *biga* se habrá deshecho y la masa estará lisa y poseerá una textura elástica. Añada la miel y la sal y bata un minuto más.

Unte el interior de un cuenco grande con aceite de oliva. Vuelque la masa en el cuenco y déle varias vueltas para cubrir la superficie con el aceite. Tape el cuenco con película de plástico y colóquelo en un lugar cálido de la cocina para que fermente. Deje reposar durante 1 hora.

Pase la masa a la superficie de trabajo ligeramente espolvoreada con harina. Hasta ese momento no tiene que haber subido demasiado, pero la fermentación se acelerará durante las siguientes 3 horas. Espolvoree tanto la superficie de la masa como las manos con harina y, posteriormente, aplaste la masa firmemente con la palma de la mano hasta obtener un rectángulo. Dóblela por la mitad y después en tres partes en dirección contraria, hasta que la masa quede doblada como una manta. Póngala de nuevo en el cuenco, cúbrala con película de plástico y déjela reposar otra hora en un lugar cálido para que fermente.

Repita el proceso de plegado y levado cada hora durante las siguientes 3 horas; tape, en cada ocasión, la superficie con película de plástico.

Ponga la masa sobre la superficie de trabajo espolvoreada con harina y amase ligeramente hasta obtener una bola. Córtela por la mitad. Moldee cada mitad en forma de barra (*véase* pág. 27). Espolvoree con harina dos cestas de fermentación y deje los panes en su interior. Tape las cestas con un paño húmedo y deje que la masa leve durante 3-4 horas en un lugar cálido.

Precaliente el horno a 250 °C y coloque una piedra de hornear o una placa de horno pesada a media altura. Compruebe si la masa está a punto para hornear presionando ligeramente la superficie con el dedo. La masa debe recuperar lentamente su forma original. Espolvoree con polenta una plancha metálica sin bordes; actuará a modo de pala.

Pulverice la piedra o placa, los lados y la base del horno con agua y cierre rápidamente la puerta del horno. Desmolde una de las cestas para que la masa caiga justo en el centro de la pala. Levante la barra y estírela unos 5 cm. Vuelva a colocarla sobre la pala. Lleve la barra con la pala hasta el horno, abra la puerta y deslice a un lado de la piedra caliente; cierre inmediatamente la puerta. Pasados 2 minutos, abra la puerta y pulverice el pan y los lados del horno con agua y cierre de nuevo rápidamente para evitar que la temperatura descienda. Repita el proceso con la otra barra. Hornee durante 10 minutos. Baje la temperatura a 180 °C y hornee otros 25 minutos, o hasta que las barras estén firmes a la presión y, al golpearlas en la base, el sonido sea hueco.

Retire el pan del horno y déjelo enfriar a temperatura ambiente sobre una rejilla antes de cortar.

# Pan ácido de San Francisco

**La ciudad de San Francisco fue famosa por sus panes de masa ácida, así como por la fiebre del oro, cuando los buscadores se llevaban a las montañas del norte de California trozos de masa madre procedentes de la ciudad para preparar pan. Esto explica su nombre (que en todo el mundo se utiliza para referirse a una barra de pan elaborada básicamente con harina blanca y fermentada con levaduras silvestres), aunque incluye un gran número de técnicas diferentes.**

**PARA 2 BARRAS GRANDES**

**ESPONJA**

400 G DE HARINA DE FUERZA BLANCA
500 ML DE AGUA MINERAL CALIENTE (A APROX. 20 °C)
300 G DE MASA MADRE DE MASA ÁCIDA DE SAN FRANCISCO (*VÉASE* PÁG. 34), A TEMPERATURA AMBIENTE CÁLIDA

**MASA**

400 G DE HARINA DE FUERZA BLANCA Y ALGO MÁS PARA ESPOLVOREAR
1 CUCHARADA DE SAL MALDON, MOLIDA FINA
SÉMOLA PARA LA PALA

Vierta los ingredientes de la esponja en un cuenco y mezcle con la batidora manual de varillas. Cubra con un paño húmedo y deje reposar en un lugar cálido durante 4-5 horas, momento en el que la esponja debería estar repleta de burbujas y activa.

Vierta la esponja en el cuenco de una batidora eléctrica y añada la mitad de la harina. Con el accesorio de pala, mezcle a potencia baja durante 2 minutos o hasta que la mezcla empiece a adherirse. Aumente la potencia a media y bata durante 8 minutos. Añada el resto de la harina y la sal. Cambie la pala por las varillas de amasar y bata la masa durante 8 minutos a potencia baja. Aumente la potencia a media y bata otros 2 minutos. Debería obtener una masa de textura elástica.

Vuelque la masa sobre una placa de 45 x 30 cm. Espolvoree ligeramente con harina la parte superior de la masa, cubra con un paño húmedo y deje reposar en un lugar cálido durante 1 hora. Durante esta primera fermentación, se rompen los azúcares y se convierten en anhídrido carbónico y alcohol. El gas hace que la masa suba, aunque el alcohol es el que se une al gluten como ácidos orgánicos, lo que provoca que se contraiga. Gracias a esto, la masa adquiere una textura más plástica y elástica, al mismo tiempo que resulta maleable y extensible.

Espolvoree ligeramente con harina la superficie de trabajo y ponga la masa encima. Úntese con harina las manos y aplaste la masa hasta obtener un rectángulo. Dóblela por la mitad y después en tres partes en sentido contrario. Levántela y póngala de nuevo sobre la placa espolvoreada con harina y tape con un paño húmedo. Deje fermentar otra hora.

Repita el proceso de plegado y levado cada hora durante 2 horas más y, después, coloque la masa sobre la superficie de trabajo espolvoreada con harina. Divídala en dos partes y forme con cada una de ellas una barra (*véase* pág. 27). Forre dos cestas de fermentación con un paño y espolvoree generosamente con harina. Coloque las barras en las cestas con la superficie superior lisa hacia abajo. Espolvoree las barras con más harina y cubra con otro paño. Deje levar en un lugar cálido durante 3-4 horas, momento en el que prácticamente habrán doblado su volumen.

Precaliente el horno a 250 °C y coloque una piedra de hornear o una placa de horno pesada a media altura. La idea es hornear las dos barras a la vez; para ello, debe colocar la primera en la mitad posterior de la piedra de hornear. Cierre el horno entre una acción y la siguiente para que la pérdida de calor resulte mínima.

Espolvoree dos placas metálicas con sémola. Coloque una barra en una. Repita la operación con la segunda barra. Abra el horno y deslice la primera barra al fondo de la piedra

de hornear. Cierre la puerta, tome la segunda barra y deslícela en la parte anterior de la piedra. Pulverice generosamente con agua y cierre rápidamente la puerta. Hornee 10 minutos, baje la temperatura a 180 °C y hornee durante otros 40 minutos. Aunque la corteza se oscurezca mucho, el color se reducirá al sacar el pan del horno. La cocción prolongada conserva la textura de la corteza. Las barras estarán listas cuando, al golpear su base, suene hueco.

# *Pain au levain*

**Un *pain au levain* clásico, de corteza gruesa, es un pan rústico de larga duración. Tiene una espectacular profundidad aromática y una miga húmeda, al mismo tiempo que firme y elástica, con una textura más compacta que algunos panes de estilo rústico.**

**PARA 2 HOGAZAS**

100 G DE HARINA DE FUERZA INTEGRAL
400 G DE HARINA DE FUERZA BLANCA Y ALGO MÁS PARA ESPOLVOREAR
25 G DE GERMEN DE TRIGO
250 ML DE AGUA MINERAL CALIENTE (A APROX. 20 °C)
50 ML DE ZUMO DE NARANJA RECIÉN EXPRIMIDO
500 G DE *LEVAIN* FRANCÉS BÁSICO DE JASON (*VÉASE* PÁG. 37)
1 CUCHARADA DE SAL MALDON, MOLIDA FINA
ACEITE DE GIRASOL PARA EL CUENCO
SÉMOLA PARA LA PALA

En el cuenco de una batidora eléctrica equipada con la pala, mezcle la harina integral con la blanca, el germen de trigo, el agua y el zumo de naranja. Bata a potencia baja durante 6 minutos. Añada el *levain* y continúe batiendo 4 minutos. Incorpore la sal y bata a potencia media otros 4-5 minutos. La masa debe quedar elástica y firme al tacto.

Unte con aceite de girasol un cuenco de 3 litros e introduzca la masa y cúbrala con película de plástico. Déjela reposar en un lugar cálido para que fermente durante 1 hora. Coloque la masa sobre la superficie de trabajo ligeramente espolvoreada con harina y amase 8-10 minutos, hasta que adquiera una textura homogénea y elástica. Limpie el cuenco y úntelo ligeramente con aceite. Introduzca la masa, tape con película de plástico y deje reposar 2 horas en un lugar cálido para que fermente.

Vuelva a poner la masa sobre la superficie de trabajo ligeramente espolvoreada con harina. Aplástela con la palma de la mano hasta obtener un rectángulo. Dóblela por la mitad y después en tres trozos en dirección contraria. Con cada doblez, presione para extraer el aire. Espolvoree el cuenco con harina e incorpore la masa. Tape y deje levar 1 hora. Repita el proceso de plegado y deje fermentar una hora más.

Divida la masa en dos partes con un peso superior a los 700 g. Coloque un paño limpio en una bandeja pequeña. Espolvoréelo generosamente con harina. Forme con cada parte de masa dos hogazas redondas y apretadas (*véase* pág. 26) y colóquelas con la unión hacia arriba sobre el paño. Estire el paño hacia arriba, entre las hogazas, para formar pequeños pliegues a su alrededor. Éstos sostendrán y protegerán las hogazas al levar. Espolvoréelas con harina y cubra con otro paño. Deje levar en un lugar cálido 5-6 horas para que dupliquen su volumen.

Precaliente el horno a 250 °C, y coloque una piedra de hornear o una placa pesada a media altura.

Cuando alcance la temperatura adecuada, destape la masa. Espolvoree un poco de sémola sobre una placa de metal sin bordes, que hará las funciones de pala. Tome una hogaza y colóquela sobre la pala, con la unión hacia abajo. Con una cuchilla, practique 4 cortes poco profundos en forma de cuadrado sobre la hogaza, a un cuarto de la parte superior.

Abra el horno y pulverice rápidamente con agua la piedra de hornear caliente y los lados y la base del horno y cierre inmediatamente la puerta. Deslice la hogaza a un extremo de la piedra de hornear y cierre rápidamente la puerta. Repita la operación con la segunda hogaza. Transcurridos 5 minutos, reduzca la temperatura a 200 °C y hornee otros 55-60 minutos. Una vez las hogazas estén cocidas, presentarán un color dorado oscuro, y, al presionarlas, adquirirán una consistencia firme. Al golpear su base oirá un sonido hueco. Déjelas enfriar sobre una rejilla antes de cortar.

**(Página siguiente) *Pain au levain* y masa ácida de manzana Bramley**

# Pan ácido de manzana Bramley

**No se precisa demasiada harina de centeno para elaborar un pan consistente. Incluso esta pequeña cantidad aporta carácter al pan sin que resulte pesado. La corteza es ideal para la fruta; su dulzura equilibra la acidez de la masa ácida y da lugar a un pan ideal para acompañar con queso. Se trata de una masa pesada que precisa un *poolish* activo de, como mínimo, 4 semanas. Para que suba más, añada un poco de levadura de acción rápida.**

**PARA 2 BARRAS**

250 G DE MASA ÁCIDA DE CENTENO (*VÉASE* PÁG. 36) A TEMPERATURA AMBIENTE CÁLIDA
1/2 SOBRE DE LEVADURA DE ACCIÓN RÁPIDA (OPCIONAL)
200 ML DE AGUA MINERAL CALIENTE (A APROX. 20 °C)
375 G DE HARINA DE FUERZA BLANCA Y ALGO MÁS PARA ESPOLVOREAR
125 G DE HARINA DE FUERZA INTEGRAL
50 G DE HARINA DE CENTENO
2 CUCHARADAS DE ZUMO DE MANZANA
2 CUCHARADITAS DE SAL MALDON, MOLIDA FINA
200 G DE MANZANAS BRAMLEY O GRANNY SMITH (PESO PELADAS)
ACEITE DE GIRASOL PARA EL CUENCO
SÉMOLA PARA LA PALA

Mezcle la masa madre y la levadura con el agua caliente y la mitad de la harina. Tape y deje reposar en un lugar cálido durante 1 hora o hasta que aparezcan burbujas.

Vierta el resto de la harina blanca en un cuenco de 4 litros con la harina integral y de centeno. Añada la masa madre, el zumo y la sal. Mezcle con la ayuda de las manos hasta que se forme una bola de masa en el centro del cuenco.

Vierta la masa sobre la superficie de trabajo espolvoreada con harina y amase 8-10 minutos o hasta que su textura sea lisa y elástica. Limpie el cuenco y úntelo ligeramente con aceite. Introduzca de nuevo la masa en el cuenco, tape con película de plástico y deje en un lugar cálido 1 hora. Pele, retire el corazón, corte en cuatro trozos las manzanas y cada uno en 3 o 4 láminas.

Vierta la masa sobre la superficie de trabajo ligeramente espolvoreada con harina. Aplástela con la palma de la mano hasta obtener un rectángulo. Presione los trozos de manzana para que queden en el interior, y deje un espacio de unos 2 cm entre ellos. Doble un tercio un lado, tome el lado contrario y dóblelo sobre el primero. Repita el proceso de doblado con los extremos. Espolvoree el cuenco con harina e introduzca la masa. Tápela con película de plástico y déjela reposar en un lugar cálido 1 hora. Repita el proceso de aplastado y doblado y deje reposar otra hora.

Coloque la masa sobre la superficie espolvoreada con harina. Divídala en dos partes y forme con cada una una barra (*véase* pág. 27). Ponga un paño limpio sobre una placa y espolvoree con harina generosamente. Coloque las barras con la unión hacia arriba. Estire el paño hacia arriba entre las barras para formar pequeños pliegues entre ambas. Éstos las sostendrán y separarán al levar. Espolvoree con harina por encima, tape con otro paño y deje reposar en un lugar cálido hasta que doblen su volumen, de 2 1/2-3 horas.

Ponga una piedra de hornear o una placa de horno pesada en el centro del horno y precaliéntelo a 250 °C. Cuando haya alcanzado esta temperatura, espolvoree un poco de sémola sobre una placa metálica sin bordes, que actuará a modo de pala. Coloque una barra sobre la placa. Practique 3 cortes poco profundos e inclinados a intervalos regulares, con la ayuda de una cuchilla, a lo largo de la barra.

Pulverice con agua la piedra de hornear o la placa, los lados y la base del horno y cierre rápidamente. Deslice la primera barra sobre la piedra y, posteriormente, la segunda. Tras 5 minutos, pulverice las barras con agua y baje la temperatura a 200 °C. Hornee otros 45-55 minutos. Las barras estarán cocidas cuando hayan adquirido un color intenso, estén firmes a la presión y, al golpear su base, suene hueco. Déjelas enfriar sobre una rejilla antes de cortar.

## Sobre la masa de pan

«La masa no es simplemente algo que dejas a su libre albedrío. Hay que alimentarla. Así, la elaboración de pan tiene algo de alquimia; es un acto de creación. Tu voluntad interviene sólo hasta cierto punto, ya que la masa puede parecer tener vida propia, y las cosas ocurren de forma espontánea.»

«Yo utilizo la jardinería como analogía. Tú sabes dónde quieres llegar, pero las plantas hacen cosas que están fuera de tu control. En el pan existe un equilibrio natural que nunca se debe olvidar.»

DAN LEPARD, PANADERO

# Pan de patata y romero

**Se trata de una adaptación de una receta que Erez Komarovsky, cuya panadería en Tel Aviv produce extraordinarios panes de masa ácida, facilitó a Gail Stephens. El pan de patata y romero de Baker & Spice mantiene la frescura y los magníficos aromas del original, aunque conserva nuestro sello.**

**PARA 1 BARRA**

250 G DE *BIGA* ÁCIDA (*VÉASE* PÁG. 35), A TEMPERATURA AMBIENTE CÁLIDA
100 ML DE AGUA MINERAL
250 G DE HARINA DE FUERZA BLANCA Y ALGO MÁS PARA ESPOLVOREAR
100 G DE PATATA COCIDA PELADA Y CORTADA EN TROZOS
2 CUCHARADAS DE ACEITE DE OLIVA VIRGEN EXTRA Y ALGO MÁS PARA UNTAR
1 CUCHARADA DE ROMERO FRESCO PICADO
1 CUCHARADA DE SEMILLAS NEGRAS DE CEBOLLA (NIGELLA)
1 CUCHARADA DE SAL DE MALDON, MOLIDA FINA
SÉMOLA PARA ESPOLVOREAR

Vierta todos los ingredientes, excepto la sal, en el cuenco de la batidora eléctrica equipada con las varillas para amasar. Trabaje a potencia mínima durante 4 minutos. Aumente la potencia a media y trabaje la masa otros 5 minutos, hasta que adquiera una textura satinada y elástica. Añada la sal y mezcle otros 2 minutos.

Unte con aceite de oliva el interior de un recipiente de 3 litros de capacidad. Retire la masa del cuenco de la batidora y viértala en el recipiente. Úntese ligeramente las manos con aceite y frote la superficie de la masa. Empuje los lados de la masa hacia abajo y ocúltelos bajo la base, como se haría con las sábanas de la cama. Repita este proceso 5 o 6 veces; gire el cuenco al hacerlo. Tape el cuenco con película de plástico y deje reposar en un lugar cálido para que fermente durante 1 hora.

Repita el mismo proceso en dos ocasiones y deje fermentar 1 hora cada vez.

Coloque la masa sobre la superficie de trabajo ligeramente espolvoreada con harina y forme con ella una hogaza redonda (*véase* pág. 26). Forre un cesto de fermentación con un paño y espolvoree generosamente con sémola. Cubra con otro paño. Deje levar en un lugar cálido hasta que haya doblado su volumen, proceso que durará 4 horas.

Coloque una piedra de hornear o una placa de horno pesada en el centro del horno y precaliéntelo a 250 °C.

Espolvoree con sémola una planca metálica sin bordes, que actuará a modo de pala. Con la ayuda del paño, haga rodar la barra sobre la mano y colóquela sobre la pala con la cara superior hacia abajo.

Pulverice con agua la piedra de hornear caliente o la placa y las paredes y la base del horno y cierre la puerta rápidamente. Espere un minuto para que se cree vapor y, posteriormente, deslice la masa de la pala a la piedra y cierre inmediatamente la puerta del horno. Transcurridos 5 minutos, baje la temperatura a 200 °C. Hornee otros 45-55 minutos. El pan estará cocido cuando tenga buen color y la corteza esté firme. Al golpear la base debe emitir un sonido hueco.

Colóquelo sobre una rejilla y pincele la cara superior con un poco de aceite de oliva. Con ello se consigue que la corteza adquiera un atractivo brillo y se acentúe el color. Deje enfriar a temperatura ambiente antes de cortar.

# Elaboración de pan con levaduras industriales

Las levaduras industriales a base de levaduras de panadero cultivadas, que, en su origen, se extrajeron de la espuma que se formaba en la superficie de la cerveza durante la fermentación, reciben también el nombre de levadura de panadero o de cerveza. Se elabora con las células vivas de la levadura *Saccharomyces cerevisiae* y, habitualmente, se comercializa en forma de pastillas húmedas y comprimidas que se conservan varias semanas en el frigorífico. Aunque es fácil adquirir levadura fresca, en una cocina doméstica se consigue una fermentación más rápida y unos resultados más consistentes con los sobres de levadura seca en gránulos, conocida también como levadura de acción rápida. Esta levadura puede mezclarse con los ingredientes secos, aunque nosotros preferimos preparar una esponja con la levadura (un poco de harina y líquido) para acelerar la fermentación inicial.

# PANES

**El buen pan constituye algo más que un acompañamiento o un complemento de otros alimentos. Contribuye a que disfrutemos y percibamos los alimentos con los que lo comemos. Sin pan, las sopas, los embutidos y los quesos pierden valor. Un bocadillo, independientemente de su relleno, sólo puede ser tan delicioso como las rebanadas de pan que lo definen.**

## Pan integral biológico

**Su textura densa lo hace ideal tanto para bocadillos como tostado. Puede cocerse en un molde para conferirle la forma tradicional del pan inglés o en forma de una hogaza ovalada. En Baker & Spice, todos los ingredientes de este pan son biológicos, aunque, naturalmente, pueden utilizarse otros no biológicos.**

**PARA 2 PANES GRANDES**

1 SOBRE DE LEVADURA DE ACCIÓN RÁPIDA
600 ML DE AGUA MINERAL CALIENTE (A APROX. 20 °C)
550 G DE HARINA DE FUERZA BLANCA Y ALGO MÁS PARA ESPOLVOREAR
500 G DE HARINA DE FUERZA INTEGRAL
20 G DE COPOS DE SALVADO
20 G DE SAL MALDON, MOLIDA FINA
100 ML DE ZUMO DE NARANJA RECIÉN EXPRIMIDO
COPOS DE AVENA PARA ESPOLVOREAR
ACEITE DE GIRASOL PARA EL CUENCO Y LOS MOLDES

Mezcle la levadura con el agua caliente y 300 g de harina blanca. Deje reposar en un lugar cálido durante 20-30 minutos o hasta que la mezcla haga espuma.

Vierta todos los ingredientes secos, incluido el resto de la harina blanca, en un cuenco de 4 litros de capacidad. Añada la pasta de levadura y el zumo de naranja. Mezcle con las manos hasta formar una bola de masa. Póngala sobre la superficie de trabajo ligeramente espolvoreada con harina y amase 8-10 minutos o hasta que adquiera una textura blanda y elástica.

Limpie el cuenco y úntelo ligeramente con aceite. Introduzca la masa en el cuenco, cubra con película de plástico y deje en un lugar cálido 1-1 1/2 horas. La masa debe levar, pero no doblar su volumen. Si corta una esquina, advertirá que en el interior se han formado burbujas.

Unte ligeramente con aceite dos moldes de 1 kg. Humedezca un paño y extiéndalo sobre la superficie de trabajo. Coloque otro paño próximo a éste y espolvoree con una capa de copos de avena.

Coloque la masa sobre la superficie de trabajo ligeramente espolvoreada con harina. Divida la masa en dos partes y déles forma de barra (*véase* pág. 27). Haga rodar suavemente cada barra sobre el paño húmedo para humedecerlas y, posteriormente, sobre los copos de avena. Introduzca cada barra dentro de los moldes y cubra con un paño limpio. Deje reposar en un lugar cálido para que suba, hasta que haya doblado su volumen, de 1-1 1/2 horas.

Precaliente el horno a la temperatura máxima (como mínimo 250 °C).

Compruebe la masa; para ello, introduzca un dedo y observe cuánto tiempo tarda la marca en desaparecer. Tiene que volver lentamente a la forma anterior, pero debe conservar cierta fuerza. La masa debe subir durante los primeros 10-15 minutos de horneado y para ello, tiene que contar con reservas de gluten no desarrollado.

Pulverice generosamente con agua el interior del horno y cierre la puerta rápidamente. Introduzca los panes y cierre inmediatamente la puerta. Transcurridos 5 minutos, baje la temperatura a 200 °C y hornee otros 45-55 minutos o hasta que el pan adquiera un buen color, tenga una corteza firme y, al golpearlo en la base una vez desmoldado, suene hueco. Déjelo sobre una rejilla antes de cortar.

# *Pain blanc* (pan blanco)

La textura especial de una baguette se debe a la harina francesa T550 de molida lenta, que simplemente se denomina harina de baguette. Los panaderos pueden conseguirla fácilmente, pero el consumidor debe adquirirla por sacos o, naturalmente, en Francia. Una característica única de esta harina es su escaso nivel de absorción de agua.

Las baguettes se elaboran mediante un levado en dos fases. La esponja se prepara con la mitad de la levadura activa necesaria y el resto se incorpora más tarde, durante el amasado. La crujiente corteza se consigue gracias a la harina T550. No obstante, aunque no es la auténtica, hemos descubierto que una combinación de harina ordinaria pobre en gluten y harina de fuerza dará como resultado una baguette bastante aceptable después de hornearse en una cocina doméstica. El truco, cuando se utilizan harinas blandas para una masa levada, consiste en mantener la temperatura de la masa bastante baja. Esto se consigue con mayor facilidad si se mezcla con agua fría para compensar el calor generado por la acción rápida de la batidora eléctrica.

Otros factores importantes para conseguir la corteza quebradiza y la textura ligera y abierta característica de una buena baguette es la temperatura inicial de la masa y la máxima temperatura que el horno es capaz de conseguir durante los primeros 20 minutos de cocción. El vapor también es importante; además, se puede generar mediante el uso de un pulverizador de agua.

Para conseguir la forma adecuada no se precisan moldes de metal (su uso en la producción industrial a gran escala se contrapone a la opinión de los panaderos artesanos). Una barra fermentada en un molde muestra un patrón de puntos en la base. Con el simple fruncido de un paño entre las barras puede conseguirse la forma característica.

**Para 4 baguettes**

**Esponja**

1/2 sobre de levadura de acción rápida
175 ml de agua mineral caliente (a aprox. 20 °C)
75 g de harina blanca
100 g de harina de fuerza blanca

**Masa**

175 ml de agua mineral fría (a aprox. 10 °C)
1/2 sobre de levadura de acción rápida
250 g de harina de fuerza blanca y algo más para espolvorear
125 g de harina blanca
10 g de sal Maldon, molida fina
aceite de girasol para el cuenco
sémola para la pala

Prepare la esponja. En un cuenco de 2 litros de capacidad, mezcle la levadura con el agua caliente hasta que se disuelva. Incorpore las harinas. Cubra el cuenco con película de plástico y deje reposar en un lugar cálido durante 2 horas o hasta que la esponja suba, como mínimo, un tercio y esté activa, con numerosas burbujas.

Vierta la esponja en el cuenco de la batidora eléctrica equipada con las varillas. Añada el agua fría y el resto de levadura y bata a potencia baja 1 minuto o hasta que la esponja se haya mezclado bien con el agua. Cambie las varillas por el accesorio amasador. Añada las harinas a la masa y trabaje a potencia baja hasta conseguir una bola de masa, de 2-3 minutos. Añada la sal, aumente la potencia a media y amase 9-10 minutos o hasta que la masa adquiera una textura homogénea y elástica. Viértala en un cuenco ligeramente untado con aceite y tape con película de plástico. Deje en un lugar cálido durante 30-40 minutos para que la masa se relaje.

Vierta la masa sobre la superficie de trabajo espolvoreada con harina, a ser posible una tabla grande de madera. Divídala en cuatro partes de 170 g. Déles forma ovalada y colóquelos con la cara lisa hacia abajo sobre un plato espolvoreado con harina. Tape con un paño húmedo y deje reposar en un lugar fresco 15 minutos.

Espolvoree con harina un paño de lino. Sacuda ligeramente el exceso y extienda el paño con la cara de la harina hacia arriba sobre una placa grande. Estírelo cada 5 cm para crear pliegues de unos 5 cm de alto.

Tome un pedazo de masa y colóquelo con la cara lisa hacia abajo sobre la superficie de trabajo ligeramente espolvoreada con harina. Forme una baguette (*véase* pág. 27). Traslade con cuidado la barra al paño, colóquela con la unión hacia arriba en la depresión formada por uno de los pliegues. Repita el mismo proceso con el resto de la masa. (También pueden formarse panecillos, *véase* pág. 29.) Una vez todas las baguettes estén en el paño espolvoreado con harina, cúbralas con un paño ligeramente húmedo para protegerlas del aire seco. Déjelas levar en un lugar frío y sin corrientes durante 2 horas o hasta que hayan doblado su volumen.

Coloque una piedra grande de hornear o una placa de horno pesada en el centro del horno y precaliéntelo a la temperatura máxima (250 °C o 280 °C).

Espolvoree un poco de sémola sobre una placa metálica sin bordes, que actuará a modo de pala. Ayudándose del paño, deje rodar sobre la pala la primera barra con la cara superior hacia abajo. Con la ayuda de una cuchilla, practique 5-7 cortes poco profundos en ángulo a intervalos regulares en la cara superior de la barra.

Abra el horno y pulverice con agua la piedra o la placa, así como el interior del horno y cierre rápidamente la puerta. Lleve la primera barra al horno y deslícela al final de la piedra de hornear; cierre inmediatamente la puerta. Repita el proceso con las barras restantes, y cierre la puerta mientras realiza esta operación. Cuando las baguettes lleven en el horno 3-4 minutos, pulverícelas con agua. Transcurridos 10 minutos, baje la temperatura a 200 °C. Hornee de 15-20 minutos o hasta que adquieran un color dorado intenso, la corteza esté firme y, al golpearlas en la base, el sonido sea hueco. (Los panecillos necesitarán unos 30-35 minutos de cocción.) Deje que se enfríen sobre una rejilla.

# Francés de trigo y centeno

**Para elaborar este pan se usa un *poolish*, así como una escasa cantidad de levadura activa para que suba todo lo posible. Tiene un característico sabor a centeno, que adquiere mayor aroma y acidez gracias a la masa madre de levadura silvestre. En Francia recibiría el nombre de *pain de campagne*, rústico, consistente y suave.**

**PARA 1 HOGAZA**

1/2 SOBRE DE LEVADURA DE ACCIÓN RÁPIDA
150 ML DE AGUA MINERAL CALIENTE (A APROX. 20 °C)
200 G DE HARINA DE FUERZA BLANCA Y ALGO MÁS PARA ESPOLVOREAR
50 G DE HARINA DE CENTENO Y ALGO MÁS PARA EL PAÑO
1 1/2 CUCHARADITA DE SAL MALDON, MOLIDA FINA
280 G DE MASA MADRE DE CENTENO (*VÉASE* PÁG. 36), A TEMPERATURA AMBIENTE CÁLIDA
ACEITE DE GIRASOL PARA EL CUENCO
SÉMOLA PARA LA PALA

Para preparar la esponja, mezcle, en un cuenco grande, la levadura y el agua caliente hasta que se disuelva. Añada 150 g de harina blanca. Tape con película de plástico y deje en un lugar cálido 2 horas o hasta que suba como mínimo un tercio y esté activa, con abundantes burbujas.

Vierta el resto de los ingredientes en el cuenco de la batidora eléctrica equipada con las varillas de amasar e incorpore la esponja. Mezcle a potencia media unos 5 minutos, hasta que la masa forme una bola. Mezcle a potencia máxima 2 minutos. Vierta la pegajosa masa a un cuenco ligeramente untado con aceite. Tape con película de plástico y fermente en un lugar cálido 2 horas.

Tome un paño grande de lino (aprox. 50 x 40 cm) y extiéndalo sobre una bandeja. Espolvoree con un poco de harina de centeno y reserve. Pase la masa a la superficie de trabajo ligeramente espolvoreada con harina y aplástela con las manos hasta formar un rectángulo de aproximadamente 24 x 18 cm. Forme una barra (*véase* pág. 27).

Coloque la masa, con la unión hacia abajo, sobre el paño espolvoreado con harina. Tape con otro paño y deje levar en un lugar caliente 3 1/2-4 horas.

Precaliente el horno a temperatura máxima (como mínimo 250 °C) y coloque una piedra de hornear o una placa de horno pesada en el centro. Espolvoree con sémola una placa metálica sin bordes para utilizarla a modo de pala.

Con la ayuda del paño, haga rodar la barra en la mano, de manera que la base quede sobre la palma y colóquela a un lado de la pala. Abra la puerta del horno, deslice la barra sobre la piedra y cierre inmediatamente la puerta, mientras alcanza la botella de agua. Pulverice los lados y la base del horno generosamente con agua, pero no tarde más de 5 segundos. Cierre la puerta inmediatamente y hornee 10 minutos. Baje la temperatura a 180 °C y hornee otros 40-45 minutos o hasta que el pan se oscurezca y suene hueco al golpearlo en la base. Dejelo enfríar sobre una rejilla antes de cortar.

**Preparar pan rallado «fresco»** con las rebanadas de pan del día anterior. Retire la corteza y conserve el pan sin tapar a temperatura ambiente durante 24 horas para que se seque lo suficiente para triturarlo en el robot de cocina. La miga de pan resultante seguirá teniendo un elevado contenido en humedad, de manera que enmohecerá si se introduce en un recipiente. Para secarlo para que se conserve, espolvoree el pan rallado sobre una placa e introduzca en el horno a baja temperatura durante 1-2 horas, tras lo cual se conservará varias semanas en un recipiente hermético.

Asimismo, puede poner las rebanadas de pan con la corteza en una placa de hornear y mantener a 150 °C hasta que se tuesten. Triture el pan. Con este pan rallado se pueden cubrir pasteles de pescado o empanar.

Francés de centeno y trigo (izquierda) y pan inglés de cereales y pipas de girasol

# Pan inglés de cereales y pipas de girasol

**Se trata de un pan con deliciosos contrastes de textura e intensos aromas, que resulta ideal para preparar bocadillos. La harina de centeno y la malta oscurecen su color y confieren una textura más sólida. En lugar de las pipas de girasol puede utilizar otro tipo de pipas.**

**PARA 1 BARRA**

$^1/_2$ SOBRE DE LEVADURA DE ACCIÓN RÁPIDA
300 ML DE AGUA MINERAL CALIENTE (A APROX. 20 °C)
100 G DE HARINA DE FUERZA BLANCA Y ALGO MÁS PARA ESPOLVOREAR
300 G DE HARINA DE TRIGO MALTEADO
50 G DE HARINA DE CENTENO Y ALGO MÁS PARA CUBRIR
150 G DE *LEVAIN* FRANCÉS BÁSICO DE JASON (*VÉASE* PÁG. 37)
$^1/_2$ CUCHARADA DE SAL MALDON, MOLIDA FINA
75 G DE PIPAS DE GIRASOL TOSTADAS
ACEITE DE GIRASOL PARA EL CUENCO

Prepare la esponja en un cuenco grande; para ello, mezcle la levadura con 100 ml de agua caliente hasta que se disuelva. Incorpore la harina blanca. Tape el cuenco con película de plástico y deje reposar en un lugar cálido durante 2 horas o hasta que la esponja suba como mínimo un tercio y esté activa, con abundantes burbujas.

Vierta los ingredientes restantes en el cuenco de la batidora eléctrica equipada con las varillas de amasar y añada la esponja. Accione a potencia mínima y trabaje la masa durante 8 minutos, momento en el que se habrá formado una bola. Suba la potencia a media y amase otros 4 minutos. Retire la masa del cuenco e introdúzcala en un recipiente ligeramente untado con aceite. Cubra el cuenco con película de plástico y deje reposar en un lugar cálido para que fermente durante 1-1$^1/_2$ horas.

Mientras la masa está fermentando, tome un paño de lino grande y espolvoréelo con un poco de harina de centeno. Posteriormente, extiéndalo con la cara espolvoreada con harina hacia arriba sobre una placa grande.

Ponga la masa sobre la superficie de trabajo ligeramente espolvoreada con harina y desínflela un poco presionando con las manos para formar un rectángulo. Forme una barra (*véase* pág. 27).

Coloque la barra, con la unión hacia arriba, sobre el paño espolvoreado con harina. Cubra con otro paño y deje que leve a temperatura ambiente cálida durante 3$^1/_2$-4 horas.

Precaliente el horno a temperatura máxima (como mínimo 250 °C) y coloque una piedra de hornear o una placa de horno pesada a media altura. Espolvoree ligeramente con sémola una placa metálica sin bordes para utilizarla a modo de pala.

Dé la vuelta a la barra en la mano, con la juntura hacia abajo, y trasládela así a la pala. Abra el horno y deslice rápidamente la barra sobre la piedra de hornear. Cierre la puerta y tenga a mano el pulverizador. Abra el horno otra vez y pulverice rápidamente los lados y la base del horno, en menos de 5 segundos. Cierre el horno y deje que el pan se hornee 10 minutos. Baje la temperatura del horno a 220 °C y cueza el pan otros 35-40 minutos o hasta que adquiera un color tostado oscuro (la malta de la harina malteada acentuará este color) y suene hueco al golpearlo en la base.

Deje que se enfríe en una rejilla a temperatura ambiente antes de cortar.

# Pan de ajo de Dan

**Se trata de un pan sorprendente, de aroma intenso sin resultar abrumador y dulce sin ser empalagoso, que en cada bocado ofrece un verdadero contraste de texturas y sabores. Tiene un hermoso aspecto, tanto en forma de barra como en rebanadas. Puede comerse sólo o como acompañamiento de una sencilla ensalada verde ligeramente aliñada.**

**PARA 1 BARRA**

300 ML DE AGUA MINERAL CALIENTE (A APROX. 20 °C)
425 G DE HARINA DE FUERZA BLANCA Y ALGO MÁS PARA ESPOLVOREAR
1 SOBRE DE LEVADURA DE ACCIÓN RÁPIDA
75 ML DE ZUMO DE NARANJA RECIÉN EXPRIMIDO
100 G DE HARINA «OO»
10 G DE SAL MALDON, MOLIDA FINA
75 ML DE ACEITE DE OLIVA VIRGEN EXTRA Y ALGO MÁS PARA UNTAR
POLENTA PARA LA BANDEJA DEL HORNO

**RELLENO DE AJO**

3 CABEZAS DE AJO, SEPARADAS EN DIENTES
2 CUCHARADAS DE ACEITE VIRGEN EXTRA
1-2 CUCHARADAS DE AGUA
1 CUCHARADA DE VINAGRE BALSÁMICO
3 CUCHARADAS DE AZÚCAR BLANQUILLA
1 CUCHARADITA DE SAL MALDON, MOLIDA FINA
1/4 CUCHARADITA DE PIMIENTA NEGRA
1 RAMA DE ROMERO FRESCA, HOJAS SEPARADAS Y PICADAS

Caliente un cuenco de 4 litros de capacidad con agua caliente. Vierta el agua mineral y mezcle con la mitad de la harina de fuerza blanca y la levadura. Deje reposar en un lugar cálido durante 1 1/2-2 horas o hasta que la mezcla genere espuma.

Añada el zumo de naranja, el resto de la harina de fuerza blanca, la harina «OO» y la sal y mezcle con las manos hasta que la preparación forme una bola en el centro del cuenco. Aunque la masa parezca muy húmeda y pegajosa, es precisamente su elevado contenido en agua lo que contribuye a conferir al pan su textura abierta.

Vierta una tercera parte del aceite de oliva sobre la masa. Úntese las manos con aceite y empiece a replegar la masa. Gire el cuenco en cuartos de vuelta, y dé vueltas a la masa replegándola bajo sí misma cada vez, hasta que adquiera una textura homogénea y brillante. Tape el cuenco con película de plástico y déjelo en un lugar caliente 45 minutos.

Desinfle ligeramente la masa; para ello, presiónela con los dedos. Vierta otra tercera parte del aceite de oliva en zigzag sobre la superficie antes de repetir el proceso de replegado. Vuelva a cubrir el cuenco con película de plástico y deje reposar en un lugar cálido durante 30 minutos. Repita el proceso de replegado, añada el resto del aceite y después cubra con película de plástico. Desinfle y repliegue cinco veces más (sin aceite) a intervalos de 30 minutos, durante 3 horas. Al final, la masa debe adquirir una textura blanda y suave, sin ningún tipo de grumo.

*continúa en la página siguiente*

Para preparar el relleno, blanquee el ajo en agua hirviendo durante 2 minutos; refrésquelo en agua fría y pélelo. Vierta el aceite de oliva en una sartén pequeña de fondo grueso a fuego medio. Cuando esté caliente, añada el ajo y saltéelo un minuto, con cuidado de que no se queme. Añada el agua y el vinagre balsámico y, cuando hierva, incorpore el azúcar, la sal, la pimienta y el romero. Baje el fuego al mínimo y deje cocer durante 5 minutos, momento en el que el ajo habrá adquirido una textura bastante blanda. Suba el fuego y deje reducir el líquido hasta que sólo quede un poco con una consistencia de jarabe. Introduzca el ajo en un cuenco, añada el jarabe y resérvelo.

Ponga la masa sobre la superficie de trabajo espolvoreada con harina y presione con los dedos y la palma de la mano hasta obtener un rectángulo de unos 36 x 18 cm y 2 cm de grosor (1). Distribuya el ajo y su jarabe sobre la superficie (2). Doble el lado largo más alejado de usted hacia el centro (3) y, seguidamente, tome el lado opuesto y dóblelo sobre el primero, de manera que oculte una capa del relleno entre los pliegues (4). Repita el proceso de doblado con los extremos (5, 6). Dé la vuelta a la masa, cubra con un paño húmedo y deje reposar durante 30 minutos.

Unte una placa de horno grande con aceite de oliva y espolvoree con la polenta. Con la ayuda de un cuchillo afilado, corte la masa en rebanadas de 5 cm (7) y colóquelas con la cara del corte hacia arriba en una capa sobre la placa; estire cada rebanada ligeramente para formar un óvalo. Puede mantener las rebanadas separadas para hornear pequeñas barras individuales o puede disponerlas de manera que permanezcan en contacto, en cuyo caso obtendrá una barra ya cortada una vez cocida. Precaliente el horno a 250 °C.

Unte la parte superior de la barra con aceite de oliva. Pulverice la base y las paredes del horno con agua y cierre la puerta del horno mientras busca el pan. Colóquelo en la placa a media altura. Pasados 5 minutos, baje la temperatura del horno a 180 °C y hornee otros 35-40 minutos o hasta que la barra esté bien tostada y, al presionarla, tenga una textura firme.

Póngala sobre una rejilla y déjela enfriar a temperatura ambiente antes de cortar.

**Y al día siguiente, si ha sobrado algo...** El pan de ajo ligeramente seco constituye una fabulosa ensalada de estilo mediterráneo basada en el pan, como las tradicionales *panzanella* o *fatoush*. Para ello, tueste las rebanadas de pan en el grill, trocéelo y mézclelo con tomates maduros cortados a cuartos, cebolla roja y hojas frescas de albahaca. Asimismo, las rebanadas de pan de ajo resultan deliciosas fritas en aceite de oliva y con un huevo escalfado o frito y unas anillas de guindilla encima. También es ideal para preparar *l'aigo boullido*, una sopa de ajo y pan de la Provenza.

6

7

# *Pain de mie* con corteza de sémola

**Una cobertura de sémola levada por separado confiere un aspecto espectacular a este pan. El *pain de mie* tiene un delicioso y blando interior, con un marcado contraste entre la miga y la corteza perfectamente desarrollada. Se trata de un pan ideal para bocadillos, así como para la preparación de un budín de pan y mantequilla.**

**PARA 2 BARRAS**

**MASA**

1 SOBRE DE LEVADURA DE ACCIÓN RÁPIDA
250 ML DE LECHE ENTERA CALIENTE (A APROX. 20 °C)
250 G DE HARINA BLANCA
325 G DE HARINA DE FUERZA BLANCA Y ALGO MÁS PARA ESPOLVOREAR
10 G DE SAL MALDON, MOLIDA FINA
1 1/2 CUCHARADAS SOPERAS DE AZÚCAR BLANQUILLA
100 ML DE LECHE FRÍA (A APROX. 10 °C)
40 G DE MANTEQUILLA A PUNTO DE POMADA

**COBERTURA DE SÉMOLA**

300 ML DE AGUA MINERAL CALIENTE (A APROX. 20 °C)
1 SOBRE DE LEVADURA DE ACCIÓN RÁPIDA
300 G DE SÉMOLA O ARROZ MOLIDO
40 ML DE ACEITE DE GIRASOL
40 G DE AZÚCAR BLANQUILLA

Prepare la esponja. Para ello, mezcle, en un cuenco grande, la levadura con la leche caliente hasta que la primera se disuelva. Incorpore la harina. Tape el cuenco con película de plástico y deje reposar en un lugar cálido durante 2 horas o hasta que la esponja suba, como mínimo, un tercio y esté activa, con abundantes burbujas.

Añada la harina de fuerza, la sal, el azúcar y la leche fría a la esponja y empiece a mezclar. Úntese la yema de los dedos con la mantequilla, un poco cada vez, y continúe mezclando hasta formar una masa basta. Pásela a la superficie de trabajo espolvoreada con harina y amase durante 10 minutos o hasta que esté blanda y flexible y su superficie resulte sedosa al tacto. Cubra la masa con película de plástico y déjela reposar sobre la superficie de trabajo entre 45 minutos y 1 hora.

Mientras tanto, para preparar la cobertura, vierta el agua caliente en un cuenco y mezcle con la levadura hasta que se disuelva. Añada el resto de ingredientes y mezcle hasta obtener una pasta lisa. Cúbrala con película de plástico y deje reposar en un lugar cálido para que fermente durante 2-2 1/2 horas.

Divida la masa en dos partes y forme con cada una una barra (*véase* pág. 27).

Forre una placa de horno grande con papel de hornear o una lámina de silicona. Coloque las barras una junto a la otra en la placa, separadas unos 10 cm. Cubra con película de plástico y deje reposar en un lugar cálido para que suban durante 1 1/2-2 horas o hasta que prácticamente hayan doblado su volumen.

Precaliente el horno a 200 °C.

Retire la película de plástico. Con la ayuda de una broqueta, pinche cada barra en tres puntos a lo largo de una línea central para dejar salir las burbujas que puedan haber quedado atrapadas. Distribuya la mitad de la cobertura de sémola en cada barra; alise y extienda la mezcla con las manos, de manera que la superficie quede completamente cubierta.

Coloque la placa en el centro del horno y hornee durante 15 minutos. Seguidamente, baje la temperatura a 175 °C. Hornee otros 25-30 minutos o hasta que la superficie se resquebraje y forme ampollas y las barras suenen huecas al golpearlas en la base.

Deje enfriar el pan sobre una rejilla a temperatura ambiente. Posteriormente, retire el exceso de cobertura del borde inferior del pan con la ayuda de unas tijeras.

# Budín de pan de confitura y mantequilla

**El budín de pan y mantequilla se ha recuperado al considerarse un plato suntuoso, apreciado por los restauradores. Se ha aumentado la proporción de huevo y crema y se ha reducido el contenido de pan para crear una crema cuajada, deliciosa tanto caliente como fría. Constituye una manera ideal de utilizar el pan duro con corteza de sémola (*véase* pág. 61), aunque puede prepararse con *brioche* (*véase* pág. 75). Si lo prefiere, puede sustituir la confitura de naranja por otra, aunque su importante astringencia contrarresta y equilibra la dulzura y riqueza del budín**

**PARA 8 RACIONES**

575 ML DE LECHE
575 ML DE CREMA DE LECHE LIGERA O ESPESA
1 VAINA DE VAINILLA, ABIERTA
UNOS 115 G DE MANTEQUILLA A PUNTO DE POMADA
8 REBANADAS DE *PAIN DE MIE* U OTRO PAN BLANCO, SIN CORTEZA
115 G DE CONFITURA DE NARANJA AMARGA
4 HUEVOS
2 YEMAS DE HUEVO
200 G DE AZÚCAR BLANQUILLA
AZÚCAR LUSTRE PARA ESPOLVOREAR

Vierta la leche y la crema en un cazo. Raspe las semillas de la vaina de vainilla e introdúzcalas en el cazo junto con la vaina. Cueza a fuego lento y lleve lentamente a ebullición. Retire del fuego y deje infusionar durante 30 minutos.

Mientras, unte las rebanadas de pan con mantequilla y prepare cuatro bocadillos de confitura. Córtelos en diagonal para obtener triángulos y dispóngalos, ligeramente superpuestos, en una fuente refractaria untada generosamente con mantequilla.

Bata los huevos y las yemas con el azúcar en un cuenco, hasta que la mezcla blanquee y esté espumosa. Filtre la mezcla de leche y crema sobre los huevos y el azúcar y bata hasta conseguir unas natillas finas. Vierta con cuidado sobre el pan y deje que se empape durante 30 minutos.

Precaliente el horno a 160 °C. Coloque las fuentes al baño María con agua caliente hasta la mitad de su altura. Hornee durante 45 minutos o hasta que el budín adquiera una consistencia firme, pero todavía ceda a la suave presión de un dedo.

Sírvalo caliente o frío, después de conservarlo toda la noche en el frigorífico. En cualquier caso, espolvoree la superficie con azúcar lustre antes de servir. Los arándanos o las frambuesas combinan a la perfección.

# PANES PLANOS Y MASAS MOLDEADAS

Muchos panes planos, como el *carta musica* o las tortillas mexicanas, no contienen levadura. En este caso, los panes planos, aunque levados con levadura activa, se diferencian de la mayoría de los panes levados en que la altura o grosor del pan se reduce deliberadamente y los panes tienen una superficie mucho mayor en comparación con su altura.

## *Fougasse* de roquefort y nueces

**De hecho, la *fougasse* de Provenza procede, en realidad, de un pan plano del noroeste italiano. La *fougasse* es un pan precioso que se caracteriza por sus hendiduras. Tradicionalmente en forma de escala o árbol, las hendiduras también pueden realizarse con la forma rudimentaria de una raspa de pescado. Originariamente, era un pan dulce que se consumía como postre, aunque ahora las *fougasse* se elaboran de sabor neutro o salado.**

**PARA 3 *FOUGASSE***

**ESPONJA**

170 ML DE AGUA MINERAL CALIENTE (A APROX. 20 °C)
170 G DE HARINA BLANCA DE FUERZA
1/2 SOBRE DE LEVADURA DE ACCIÓN RÁPIDA

**MASA**

270 ML DE AGUA MINERAL CALIENTE (A APROX. 20 °C)
1/2 SOBRE DE LEVADURA DE ACCIÓN RÁPIDA
450 G DE HARINA DE FUERZA BLANCA Y ALGO MÁS PARA ESPOLVOREAR
120 G DE HARINA DE CENTENO
10 G DE SAL MALDON, MOLIDA FINA
1 CUCHARADA DE ACEITE DE OLIVA VIRGEN EXTRA Y ALGO MÁS PARA UNTAR

**RELLENO DE ROQUEFORT Y NUECES**

200 G DE ROQUEFORT DESMENUZADO
150 G DE NUECES, TOSTADAS EN EL HORNO A 180 °C Y PICADAS EN GRANDES TROZOS

Para preparar la esponja (la masa madre fermentada), vierta el agua en un cuenco grande y mézclela con la harina y la levadura durante 3-4 minutos o hasta obtener una pasta lisa. Cubra con película de plástico y deje reposar en un lugar cálido durante 1 1/2-2 horas o hasta que parezca activa y esté repleta de burbujas.

Para preparar la masa, añada el agua y la levadura a la esponja. Seguidamente, incorpore las harinas, la sal y el aceite de oliva y mezcle hasta obtener una masa blanda y lisa. Pásela a un recipiente limpio y seco, tape con un paño húmedo y deje reposar en un lugar cálido durante 30 minutos.

Ponga la masa sobre la superficie de trabajo ligeramente espolvoreada con harina y aplástela dándole forma de rectángulo. Cubra la superficie con el roquefort y las nueces y doble suavemente los bordes de la masa hacia el centro, para que el relleno quede en el interior. Repita el proceso de aplastado y desinflado varias veces. El relleno debe repartirse uniformemente por la masa. (En el caso de una *fougasse* neutra, omita el relleno, pero doble tal y como se ha descrito.) Pase la masa a un cuenco, cúbrala con película de plástico y déjela reposar en un lugar cálido para que fermente durante 45 minutos.

Divida la masa en tres partes iguales y forme con cada una una bola. Déjelas reposar sobre la superficie de trabajo espolvoreada con harina y cubierta con un paño húmedo, durante 15 minutos. Forme óvalos de unos 25-30 cm de largo y 10-12 cm de ancho. Practique 8 o 9 cortes profundos en diagonal en cada óvalo. Coloque las *fougasse* en placas de hornear forradas con papel sulfurizado o una lámina de silicona, tape con película de plástico y deje levar a temperatura ambiente como mínimo 1 hora. Precaliente el horno a 220 °C. Unte las *fougasse* generosamente con aceite de oliva virgen extra. Hornéelas de 15-20 minutos o hasta que estén bien tostadas y adquieran una corteza firme. El pan tiene que sonar hueco al golpearlo en la base. Deje enfriar sobre una rejilla.

**(Página siguiente, desde la esquina superior izquierda) *Fougasse* de roquefort y nueces, *focaccia* y pan de pimientos asados y pimentón**

# Pan de pimientos asados y pimentón

La *paprika*, una especia originariamente húngara, está constituida por el polvo fino que se elabora a partir de una variedad de pimiento rojo dulce seco, que, aunque tiene el aspecto de una guindilla larga, no pica. El pimentón español es una especia similar, aunque de sabor distinto. Para preparar esta receta, puede utilizar tanto la *paprika* como el pimentón. Vale la pena invertir en un buen producto, ya que existe pimentón de baja calidad que se hace pasar por el auténtico; por regla general, si es económico, no merece la pena comprarlo. Tanto la *paprika* como el pimentón deben tener un color rojo ladrillo oscuro y un aroma intenso y ahumado. Si la especia tiene un color más marrón que rojo quiere decir que está pasada y, por lo tanto, no debe utilizarse.

**Para 1 hogaza grande**

3 pimientos rojos maduros grandes
370 ml de agua mineral caliente (a aprox. 20 °C)
1/2 sobre de levadura de acción rápida
575 g de harina de fuerza blanca y algo más para espolvorear
10 g de sal Maldon, molida fina
50 ml de aceite de oliva virgen extra
1 cucharada de pimentón disuelto en 50 ml de aceite de oliva virgen extra
Sémola para la placa del horno

Ensarte los pimientos uno a uno en broquetas metálicas y áselos hasta que la piel forme ampollas y empiece a carbonizarse. (Si no dispone de una cocina de gas, coloque los pimientos bajo el gratinador del horno y déles la vuelta con frecuencia.) Introdúzcalos en un cuenco y tape con película de plástico. Cuando se hayan enfriado, pélelos, córtelos por la mitad a lo largo y retire las semillas y las membranas. Reserve.

Mezcle, en el cuenco de la batidora eléctrica, el agua con la levadura y la mitad de la harina. Cubra con película de plástico y deje en un lugar cálido durante 1 1/2-2 horas o hasta que la mezcla forme espuma.

Vierta el resto de la harina en un cuenco de 4 litros de capacidad y añada la mezcla de levadura, la sal y el aceite. Coloque las varillas de amasar en la batidora y trabaje la masa 3 minutos a potencia baja. Auméntela a media y bata de 8-9 minutos o hasta que esté muy suave y elástica y haya adquirido un aspecto satinado. Tape el cuenco con película de plástico y deje fermentar en un lugar cálido 45 minutos.

Vierta la masa a la superficie de trabajo espolvoreada con harina. Espolvoréela ligeramente con harina y haga lo mismo con las manos. Aplaste la masa con firmeza con la palma de la mano hasta conseguir un rectángulo. Dóblelo por la mitad y después en tres partes en dirección contraria, hasta que la masa quede doblada como una manta. Con cada nuevo pliegue debe presionar la masa para dejar salir el aire. Espolvoree el cuenco con harina e introduzca la masa. Tape y deje fermentar en un lugar cálido 30 minutos. Repita el proceso cada 30 minutos durante 3 horas. La masa debe quedar blanca, aireada y lisa.

Ponga la masa sobre la superficie de trabajo espolvoreada con harina. Forme una bola, con la cara de la unión hacia abajo. Tape con un paño y deje reposar durante 15 minutos.

Coloque la masa con la cara lisa hacia abajo sobre la superficie de trabajo ligeramente espolvoreada con harina. Aplástela con la palma de las manos y forme una barra (*véase* pág. 27). Tape y deje reposar 15 minutos.

Extienda un lado largo de la barra con el rodillo creando un extremo redondeado y plano que se extienda más allá del resto de la barra y que resulte lo suficientemente largo para doblarlo y envolver la parte redondeada, que formará la base. Con las yemas de los dedos, realice marcas sobre la superficie de la base. Tome los pimientos cortados por la mitad y colóquelos sobre las marcas, dejando un borde de 2 cm sin cubrir. Pincele los pimientos con un poco del aceite de pimentón.

Con la ayuda de una cuchilla, practique unos cortes en la tapa en forma de raspa de pescado. Levante la tapa con cuidado y envuelva la parte superior de la barra para que los pimientos queden a la vista. Presione para que la tapa quede sujeta. Forre una placa de horno pesada con papel sulfurizado o silicona y espolvoree con sémola. Ponga el pan en la placa. Déjelo levar en un lugar cálido de 45 minutos a 1 hora hasta que duplique su volumen. Precaliente el horno a 250 °C.

Unte la superficie del pan con el resto de aceite de pimentón. Hornee 15 minutos, baje la temperatura a 180 °C y hornee otros 30-35 minutos o hasta que esté bien tostado y firme al tacto. Déjelo enfriar sobre una rejilla.

# *Focaccia*

**La *focaccia* se define como un pan plano italiano, hecho que no deja de crear confusión, ya que se elabora con levadura activa. Sin embargo, se extiende y hornea en placas o moldes, lo que le confiere su característica forma rectangular, con la cara superior marcada con depresiones a intervalos regulares. Su precioso color dorado se debe a la aplicación generosa de aceite de oliva en su superficie antes de llevarlo al horno. Un error habitual consiste en añadir demasiado aceite de oliva a la masa, lo que provoca que suba poco y que resulte aceitoso. La *foccacia* se sazona generosamente con sal en la superficie y, con frecuencia, se le añade romero.**

**Para 2 *focaccia***

- 1 sobre de levadura de acción rápida
- 680 ml de agua mineral caliente (a aprox. 20 °C) y 1-2 cucharadas más, si es necesario
- 1 kg de harina de fuerza blanca y algo más para espolvorear
- 20 g de sal maldon, molida fina
- 1 cucharadita de azúcar blanquilla
- 1 cucharada de aceite de oliva y algo más para untar

**Para el acabado**

- Las hojas de dos ramitas de romero fresco (aprox. 1 cucharada rasa), opcional
- 75 ml de aceite de oliva virgen extra
- Sal maldon

Para preparar la esponja, mezcle, en un cuenco grande, la levadura y el agua caliente hasta que la primera disuelva. Incorpore 500 g de harina. Cubra con película de plástico y deje reposar en un lugar cálido durante 2 horas o hasta que la esponja haya subido como mínimo un tercio y esté activa, con abundantes burbujas.

Vierta el resto de la harina en el cuenco de la batidora eléctrica equipada con las varillas de amasar y añada la esponja, la sal, el azúcar y el aceite. Mezcle a baja potencia durante 7 minutos. Si la masa resultara demasiado consistente, añada un poco más de agua, de cucharada en cucharada. Debe quedar firme y algo pegajosa. Suba la potencia al máximo y trabaje la masa 1 minuto, tras el cual debe adquirir una textura elástica, es decir, ofrecer resistencia al apretarla con el dedo y recuperar su forma inicial al dejar de hacer presión.

Póngala en la superficie de trabajo espolvoreada con harina y forme una bola. Unte con aceite un cuenco lo suficientemente grande como para permitir que la masa triplique su volumen. Ponga la masa en el cuenco y pincele la cara superior con un poco más de aceite de oliva. Tape con película de plástico y deje que fermente en un lugar fresco y sin corrientes, durante unas 2 horas. Al sacarla del cuenco, la masa debe tener una textura húmeda, pegajosa y elástica.

Pase la masa a la superficie de trabajo espolvoreada con harina. Haga presión con la palma de la mano hasta obtener un rectángulo. Dóblelo por la mitad y, posteriormente, en tres partes en dirección contraria, hasta que la masa quede doblada como una manta. Divida la masa en dos partes y aplaste cada una hasta obtener de nuevo un rectángulo. Colóquelos en dos moldes antiadherentes para brazo de gitano espolvoreados con harina, de un tamaño aproximado de 30 x 20 cm, y extienda la masa para llenar uniformemente el molde. Tape cada molde con un paño y deje levar a temperatura ambiente durante 1 hora. Precaliente el horno a 250 °C. Con las yemas de los dedos, practique algunos agujeros en la masa para formar líneas rectas. Esparza por encima el romero, si lo utiliza. Vierta el aceite de oliva en zigzag y espolvoree con la sal maldon. Hornee a media altura durante 10 minutos y, posteriormente, baje la temperatura a 200 °C. Continúe con la cocción durante 15-20 minutos, momento en el que la *focaccia* habrá subido unos 4-5 cm. Retire y deje enfriar en el interior del molde. Para servir, corte en cuadrados.

**Si se estira con el rodillo** hasta obtener un disco fino, la masa de *focaccia* es perfecta como base de pizza. Use pocos ingredientes; las mejores pizzas son las más sencillas, como la clásica Margarita, de tomate, *mozzarella* y albahaca. Para hornear las pizzas, lo ideal es que el horno esté muy caliente y que se disponga de una piedra de hornear, aunque las placas metálicas para pizza también son adecuadas. Hornee unos 8 minutos.

# *Pretzel*

**Nuestros *pretzels* son grandes lazos de masa de *pagnotta* al estilo neoyorquino, espolvoreados con semillas de sésamo o *zatar*, dorados y crujientes, pero con una miga de una maravillosa y ligera textura. El *zatar* es una mezcla de especias, utilizada en Oriente Medio con un toque ácido debido al zumaque, empleado en la cocina iraquí. Para prepararlo, mezcle, en las mismas proporciones, zumaque en polvo, mejorana y tomillo.**

**PARA 1 *PRETZEL* GRANDE**

200 G DE MASA DE *PAGNOTTA* (*VÉASE* PÁG. 39) O *FOCACCIA* (*VÉASE* PÁG. 68), UNA VEZ HAYA SUBIDO Y LA MASA ESTÉ A PUNTO PARA DARLE FORMA

HARINA DE FUERZA BLANCA PARA ESPOLVOREAR

ACEITE DE GIRASOL Y SÉMOLA PARA LA PALA

**PARA EL ACABADO**

1 HUEVO

1 CUCHARADA DE AGUA

1-2 CUCHARADITAS DE *ZATAR* O DE SEMILLAS DE SÉSAMO

Sobre la superficie de trabajo perfectamente espolvoreada con harina, haga rodar la masa hasta obtener un cilindro de unos 50 cm de largo. Forme un bucle como si hiciera una lazada. De esta manera, conseguirá un óvalo con un trozo de masa que cruza por encima. Refuerce el bucle en el centro para conseguir otros dos iguales por debajo de los extremos de la masa. Lleve los extremos hacia arriba y sobre los bucles, y presiónelos.

Espolvoree con harina un paño colocado sobre una placa. Ponga el *pretzel* encima. Cubra con otro paño y deje levar en un lugar cálido 30 minutos.

Precaliente el horno a 220 °C y coloque en el interior, y a media altura, una piedra de hornear o una placa metálica de horno pesada. Unte ligeramente con aceite una placa metálica sin bordes y espolvoréela con sémola. Esta placa actuará a modo de pala.

Mientras suba, el *pretzel* se irá contrayendo, al mismo tiempo que expandiendo. Estírelo ligeramente para que recupere su forma. Páselo a la pala. Bata ligeramente el huevo con un poco de agua y pincele el *pretzel*. Distribuya el *zatar* o el sésamo por encima. Deslice el *pretzel* sobre la piedra de hornear y hornee de 40-45 minutos. Déjelo enfriar sobre una rejilla.

# *Grissini*

**Los *grissini*, unos crujientes bastoncitos de pan, se elaboraron por primera vez en Turín y todavía siguen constituyendo una especialidad de las pequeñas panaderías de esa ciudad. No tienen nada en común con los bastoncitos industriales, que se elaboran a máquina y en boca se asemejan a un polvo secante. Los *grissini* de Turín se parecen más a una barra de pan, e incluso algunos llegan a alcanzar hasta un metro de largo.**

**PARA APROX. 25 *GRISSINI* (DE UNOS 25 CM DE LARGO)**

1 RECETA DE MASA DE *PAGNOTTA* (*VÉASE* PÁG. 39) O DE *FOCACCIA* (*VÉASE* PÁG. 68), UNA VEZ FERMENTADA Y A PUNTO PARA DARLE FORMA

HARINA DE FUERZA BLANCA PARA ESPOLVOREAR

SÉMOLA PARA ESPOLVOREAR

**PARA EL ACABADO (OPCIONAL)**

50 ML DE ACEITE DE OLIVA VIRGEN EXTRA

TOMILLO, ROMERO U ORÉGANO ACABADO DE PICAR

25 G DE SAL MALDON GORDA

PIMIENTA NEGRA MOLIDA GROSERAMENTE

Aplane la masa con las manos sobre la superficie de trabajo espolvoreada con harina. Espolvoree ligeramente con harina la superficie de la masa y pase el rodillo para obtener un rectángulo grande lo más fino posible. La masa, en un momento determinado, se resistirá al esfuerzo y se contraerá. Cuando esto ocurra, cúbrala con un paño y déjela reposar durante 15-20 minutos. Posteriormente, vuelva a pasar el rodillo y tápela. La tercera vez que pase el rodillo debe obtener un rectángulo de unos 8-10 mm de grosor.

Forre dos placas de hornear con papel sulfurizado o una lámina de silicona y espolvoree con sémola. Con la ayuda de un cuchillo afilado, corte el rectángulo de masa en tiras de 1 cm de ancho. Practique cortes longitudinales en uno de los extremos de cada tira de masa, si lo desea. Coloque las tiras, tal y como las ha cortado, en las placas de hornear y deje cierto espacio entre ellas. Cuando acabe la masa, cubra las placas con película de plástico y deje levar a temperatura ambiente alta entre 45 minutos y 1 hora.

Precaliente el horno a 200 °C. Si lo desea, puede pincelar la superficie de los *grissini* con un poco de aceite de oliva y esparcir por encima las hierbas picadas, sal marina o pimienta negra (lo que desee). En Baker & Spice los *grissini* únicamente se cubren con un poco de harina.

Coloque las placas en el horno y hornee durante 20-30 minutos o hasta que los *grissini* estén ligeramente tostados y crujientes. Una vez fuera del horno, déjelos enfriar sobre una rejilla.

# PANES DULCES LEVADOS

La tradición de elaborar masas dulces levadas enriquecidas con huevo y mantequilla es casi tan antigua como el pan con levadura. Los productos pueden oscilar desde panes especiados relativamente sencillos y asociados a determinadas festividades, como los bollos y el *pain d' épices*, hasta los sofisticados y elegantes *brioche*.

## Bollos cruzados calientes

**Dulces, especiados, de textura húmeda, y enriquecidos con frutas, estos bollos constituyen una especialidad británica que se elabora especialmente en Pascua.**

**PARA 24 BOLLOS**
1 SOBRE DE LEVADURA DE ACCIÓN RÁPIDA
200 ML DE AGUA MINERAL CALIENTE (A APROX. 20 °C)
870 G DE HARINA DE FUERZA BLANCA Y ALGO MÁS PARA ESPOLVOREAR
230 ML DE AGUA MINERAL FRÍA (10 °C)
25 MG DE LECHE EN POLVO DESNATADA
100 G DE AZÚCAR BLANQUILLA
15 G DE SAL MALDON, MOLIDA FINA
85 G DE MANTEQUILLA A PUNTO DE POMADA
1 HUEVO
40 G DE MEZCLA DE ESPECIAS
100 G DE PASAS
70 G DE OREJONES DE ALBARICOQUE, PICADOS
80 G DE CÁSCARA DE LIMÓN CONFITADA, PICADA

**PASTA PARA LA CRUZ**
4 CUCHARADAS DE HARINA BLANCA COMÚN
1 CUCHARADA DE AZÚCAR BLANQUILLA
1 CUCHARADA DE AGUA FRÍA

**GLASEADO**
1 YEMA DE HUEVO
1 CUCHARADA SOPERA DE LECHE
100 G DE AZÚCAR
50 ML DE AGUA

Prepare la esponja. Para ello, mezcle, en un cuenco grande, la levadura y el agua caliente hasta que la primera se disuelva. Añada 200 g de harina. Tape el cuenco con película de plástico y deje reposar en un lugar cálido 2 horas o hasta que la esponja haya subido, como mínimo, una tercera parte y esté activa, con abundantes burbujas.

Vierta el resto de la harina en el cuenco de la batidora eléctrica con las varillas de amasar y añada la esponja, el agua fría, la leche en polvo, el azúcar, la sal, la mantequilla, el huevo y las especias. Mezcle a potencia mínima durante 8 minutos, momento en el que la masa debe haber adquirido una textura muy blanda. Añada las frutas, suba la potencia a media y amase 1 minuto. Ponga la masa sobre la superficie de trabajo espolvoreada con harina y amase 1 minuto. Forme una bola. Colóquela en un cuenco, tape con película de plástico y deje que fermente en un lugar cálido entre 45 minutos y 1 hora o hasta que haya doblado su volumen.

Vuelva a poner la masa sobre la superficie de trabajo ligeramente espolvoreada con harina y aplaste suavemente para desinflarla hasta formar un rectángulo. Pese la masa y divídala en 24 partes iguales; utilice una balanza para trabajar con precisión. Forme con cada pedazo una bola. Forre las placas de horno con papel sulfurizado y coloque las bolas muy próximas entre sí. Tape con un paño ligeramente húmedo y deje reposar en un lugar cálido 45 minutos o hasta que los bollos hayan doblado su volumen, de manera que estén unidos.

Cuando haya pasado la mitad del tiempo de reposo, precaliente el horno a 250 °C. Prepare la pasta para la cruz; para ello, mezcle la harina y el azúcar con el agua. Introduzca la preparación en una manga pastelera con una boca estrecha y lisa. Bata la yema de huevo y la leche para el glaseado. Con una broqueta o cuchillo romo, marque una cruz sobre los bollos. Pincélelos con el glaseado y dibuje la cruz con la manga pastelera sobre la marca. Introduzca los bollos en el horno y baje la temperatura a 180 °C tan pronto como haya cerrado la puerta. Hornee de 30-40 minutos o hasta que estén dorados y los bordes hayan oscurecido.

Déjelos enfriar sobre una rejilla. Disuelva el azúcar con el agua y lleve a ebullición. Pincele los bollos. No los separe hasta que no se hayan enfriado.

# Brioche

**El *brioche* es un pan elegante, que se enriquece y tiñe de amarillo debido a la mantequilla y los huevos, lo que le confiere una textura apretada, más parecida a un pastel que a un pan. Se consume como pastel con té o el desayuno, aunque en rebanadas y tostado es perfecto para acompañar al foie-gras.**

**Algunas recetas de *brioche* son muy ricas, con las mismas cantidades de harina y mantequilla, aunque se consigue un resultado más consistente al utilizar la mitad de mantequilla que de harina.**

**PARA 2 *BRIOCHES* GRANDES O 16 *BRIOCHES* INDIVIDUALES**

- 1 SOBRE DE LEVADURA DE ACCIÓN RÁPIDA
- 500 G DE HARINA DE FUERZA BLANCA Y ALGO MÁS PARA ESPOLVOREAR
- 50 ML DE AGUA MINERAL CALIENTE (A APROX. 20 °C)
- 15 G DE SAL MALDON, MOLIDA FINA
- 75 G DE AZÚCAR BLANQUILLA
- 5 HUEVOS
- 250 G DE MANTEQUILLA A PUNTO DE POMADA
- MANTEQUILLA DERRETIDA Y HARINA PARA LOS MOLDES

**GLASEADO**

- 2 YEMAS DE HUEVO
- 2 CUCHARADAS DE LECHE O AGUA

Para preparar la esponja, disuelva la levadura y 25 g de la harina en el agua caliente. Tape y deje reposar en un lugar cálido de 30-40 minutos o hasta que aparezcan burbujas.

Vierta el resto de la harina en el cuenco de la batidora eléctrica equipada con la pala y añada la esponja, la sal, el azúcar y los huevos. Mezcle a baja potencia hasta que la masa esté ligada (unos 7 minutos). Añada la mantequilla y suba la potencia a media. Amase unos 15 minutos; la mantequilla se habrá incorporado completamente y la masa habrá adquirido una textura brillante y elástica. Introdúzcala en un recipiente de plástico con tapa o en un cuenco cubierto con película de plástico y conserve en el frigorífico toda la noche.

Coloque la masa sobre la superficie de trabajo espolvoreada con harina. Divídala en 2 o 16 partes (de 60 g cada una). Forme una bola con cada una y deje reposar durante 20 minutos.

Para preparar los *brioches* grandes, divida la bola de masa en dos partes, una de ellas de una tercera parte del peso total. Con el pedazo grande, forme una bola, practique con el dedo un hueco en el centro de la parte superior y presione hasta alcanzar la parte inferior. Extienda el agujero con los dedos hasta obtener una rosquilla gruesa y alta. Ahora, forme un cilindro más estrecho en uno de sus extremos con el trozo de masa pequeño. Practique un corte desde el extremo más estrecho hasta la mitad. Debe obtener una pieza cuyo aspecto recuerde vagamente a un diente, en el que el extremo hendido sería la raíz. Introduzca este extremo en el agujero de la rosquilla, empujando las raíces y colocándolas debajo de la base. Ponga el extremo superior de la rosquilla de nuevo en el agujero. Las dos piezas permanecerán unidas cuando el *brioche* suba.

Para preparar los *brioches* individuales, con el borde de la mano estirada como un cuchillo, haga una marca en la bola de masa para determinar una tercera parte de su diámetro. Tome el extremo más grande con la otra mano y muévala de atrás hacia delante, separando una bola más pequeña unida a la más grande por un poco de masa. Seguidamente, gire con cuidado la bola más grande hacia arriba y presione con los dedos en la parte superior para hacer una marca. Coloque la bola pequeña sobre esta marca y oculte el hilo de unión debajo.

Unte ligeramente dos moldes de *brioche* (o 16 moldes individuales) con la mantequilla derretida y espolvoree con un poco de harina. Coloque los *brioches* en el interior de los moldes. Deje levar en un lugar cálido de 3-4 horas o hasta que hayan doblado su volumen.

Precaliente el horno a 200 °C. Para preparar el glaseado, bata los huevos con la leche o el agua y pincele la superficie de los *brioches*. Hornee de 10-15 minutos y baje la temperatura a 180 °C. En el caso de los *brioches* grandes, hornee otros 35-40 minutos y 15-20 minutos, si se trata de los moldes individuales.

# Tarta de higos y *brioche*

**En esta receta, la cantidad de relleno puede parecer insuficiente, pero la masa de *brioche* sube tanto que si se añadiera más resultaría excesiva. Es preferible consumir la tarta el mismo día.**

**PARA UNA TARTA DE 22 CM**
250 G DE MASA DE *BRIOCHE* (*VÉASE* PÁG. 75), TRAS FERMENTAR Y A PUNTO DE DARLE FORMA
7-8 HIGOS FRESCOS MADUROS
60 G DE YOGUR NATURAL BIO DESNATADO
60 G DE AZÚCAR BLANQUILLA
60 ML DE CREMA DE LECHE ESPESA
4 YEMAS DE HUEVO
RALLADURA DE 1/2 LIMÓN
1 CUCHARADA DE MAICENA

Precaliente el horno a 180 °C. Extienda la masa con el rodillo hasta obtener un grosor de 4-5 mm y forre una tartera, ligeramente untada con aceite, de 22 cm de diámetro y 2,5 cm de alto, preferentemente de base desmontable. Coloque las mitades de higo, con la cara del corte hacia arriba y ligeramente superpuestos. Vierta el resto de ingredientes en un cuenco y mezcle bien. Vierta esta crema por encima y alrededor de los higos.

Introduzca en el horno y hornee 15 minutos. Baje la temperatura a 150 °C y hornee otros 35-40 minutos o hasta que el *brioche* haya subido y esté dorado y el relleno haya cuajado. Tras 25 minutos de horneado, observe y, si parece que se está dorando con demasiada rapidez, cubra con papel de aluminio.

Deje enfriar a temperatura ambiente y sirva.

# *Clafoutis* de ciruelas pasas

**Originariamente, el *clafoutis* era un postre del Limousin, del departamento de la Francia central famoso por sus cerezas negras. También puede prepararse con ciruelas o albaricoques partidos por la mitad cuando es temporada. Las ciruelas pasas están disponibles todo el año y, si se ponen en remojo con un poco de brandy y azúcar, se pueden utilizar para preparar unos *clafoutis* deliciosos. Las mejores ciruelas pasas son las de Agen.**

**Normalmente, el *clafoutis* se elabora sin fondo de tarta, aunque también puede hornearse con una base de pasta dulce (*véase* pág. 131) para conseguir una deliciosa y diferente tarta que es perfecta acompañada de nata montada.**

**PARA 6 RACIONES**

400 G DE CIRUELAS PASAS DESHUESADAS
50 ML DE BRANDY
50 G DE AZÚCAR BLANQUILLA

**PARA LA CREMA**
125 G DE HARINA
150 ML DE LECHE ENTERA
50 ML DE CREMA DE LECHE ESPESA
30 G DE MANTEQUILLA
2 HUEVOS
50 G DE AZÚCAR BLANQUILLA
MANTEQUILLA Y HARINA PARA LA BANDEJA DE HORNO

Si utiliza ciruelas pasas, póngalas en remojo un día antes en una infusión de té flojo azucarado. Escúrralas e introdúzcalas en un cuenco cubiertas con brandy y azúcar. Deje macerar durante 2-3 horas a temperatura ambiente.

Precaliente el horno a 180 °C. Unte con mantequilla una fuente refractaria de 30 x 20 cm y espolvoréela ligeramente con harina. Reserve.

Vierta la harina en un cuenco. Caliente, en un cazo, la leche y la crema sin llevar a ebullición. Retire del fuego, añada la mantequilla y deje que se derrita.

Con la ayuda de la batidora eléctrica, bata los huevos y el azúcar hasta que blanqueen. Añada la leche y mezcle con una cuchara. Incorpore la harina, sin dejar de mezclar, hasta obtener una masa blanda. No bata enérgicamente, ya que la pasta resultaría dura y afectaría a la subida.

Escurra las ciruelas y distribúyalas en el molde. Vierta la crema. Hornee 40-45 minutos o hasta que la masa suba alrededor de las ciruelas y la superficie esté dorada.

Tarta de higos y *brioche* y *clafoutis* de ciruelas pasas

# *Crumpets*

**Los *crumpets* se han considerado un clásico inglés para la hora del té desde principios del siglo XVII. En aquella época se elaboraban con harina de alforfón, cuyo nombre en inglés se asemeja fonéticamente al término *blinis*, que designa a unas tortitas levadas rusas que se sirven con el caviar. En 1769, Elizabeth Raffald describió los *crumpets*, que se elaboraban con una pasta de harina de trigo levada y una masa madre de masa ácida y se cocían en una plancha antes de tostarlos al fuego. La popularidad de los *crumpets* alcanzó su punto culminante en las décadas de 1920 y 1930, cuando el té de la tarde no estaba completo sin estas pastas calientes, cubiertas con mantequilla y confitura.**

**Normalmente, los *crumpets* se cocinan sobre una plancha, aunque también se puede utilizar una sartén de fondo difusor o una sartén antiadherente. Las dificultades pueden presentarse si se abusa de la levadura, la pasta resulta demasiado espesa o se cuecen a una temperatura inadecuada. Para elaborar correctamente los *crumpets* es necesario disponer de algunos anillos de metal de 8,75 cm de diámetro especiales para *crumpets* (o cortapastas metálicos de borde liso), que se colocan sobre una superficie metálica lisa sobre la que se cuecen.**

**PARA 12 *CRUMPETS***

450 G DE HARINA
1 CUCHARADITA DE AZÚCAR BLANQUILLA
1 SOBRE DE LEVADURA DE ACCIÓN RÁPIDA
350 ML DE LECHE DESNATADA
350 ML DE AGUA MINERAL
1 CUCHARADITA DE SAL MALDON, MOLIDA FINA
1/2 CUCHARADITA DE BICARBONATO SÓDICO
ACEITE DE GIRASOL

Vierta la harina en un cuenco, junto con el azúcar y la levadura. Caliente la leche desnatada y el agua a unos 20 °C y mezcle con la harina, con la ayuda de la mano, hasta obtener una masa de textura suave. Tape el cuenco con película de plástico y deje reposar a temperatura ambiente unas 2 horas. La masa aumentará de volumen más del doble antes de bajar ligeramente.

Incorpore la sal y el bicarbonato. Deje reposar otros 10 minutos mientras calienta la plancha o la sartén a fuego lento.

En este momento debe comprobar si la masa posee la consistencia adecuada, cuya textura debe ser como la de la crema ligera. Si está demasiado espesa, no se formarán los agujeros que caracterizan a los *crumpets*. Si está demasiado líquida, fluirá por debajo de los anillos. Si la superficie de cocción está demasiado caliente, se quemará antes de que pueda dar la vuelta al *crumpet*; si está demasiado fría, el *crumpet* no subirá lo suficiente y resultará pesado. Compruebe la masa y el calor de la sartén cociendo una cucharada de masa antes de empezar. Si está demasiado espesa, aligérela con un poco de agua; si está demasiado líquida, añada un poco más de harina.

Humedezca un trozo de papel de cocina con aceite y unte el interior de los anillos metálicos y la superficie caliente de la plancha; coloque los anillos encima. Vierta tres cucharadas de masa en cada anillo. Cueza 6-8 minutos o hasta que la superficie esté cuajada y repleta de agujeros. Dé la vuelta a los *crumpets* con una paleta o espátula y déjelos cocer otros 2-3 minutos. La primera cara debe adquirir un color castaño, mientras que la segunda sólo debe tener un poco de color y el *crumpet* un grosor de unos 3 cm. Retire los anillos con la ayuda de un paño. Sírvalos inmediatamente o déjelos enfriar y tostar por el lado pálido. Acompañe con mantequilla y confitura o miel.

# Donuts

**Las dos claves para preparar unos donuts deliciosos son una masa dulce de levadura adecuadamente fermentada y un aceite limpio a una temperatura de 190 °C, ya que, de este modo, se sella el exterior del donut, lo que evita la excesiva absorción de aceite. El aceite caliente permite que el anhídrido carbónico atrapado en el interior de la masa se expanda con rapidez, lo que le confiere una textura aireada y ligera.**

**La fritura proporciona un acabado exterior completamente diferente al de la masa horneada, así como un color uniformemente dorado. Antes de empezar, cambie el aceite de la freidora y limpie su interior. Utilice aceite de girasol.**

**PARA 20 DONUTS**

- 1 SOBRE DE LEVADURA DE ACCIÓN RÁPIDA
- 175 ML DE LECHE CALIENTE (A UNOS 20 °C)
- 170 G DE HARINA BLANCA
- 280 G DE HARINA DE FUERZA BLANCA Y ALGO MÁS PARA ESPOLVOREAR
- 1 CUCHARADITA DE SAL MALDON, MOLIDA FINA
- 85 G DE MANTEQUILLA, EN DADOS Y A PUNTO DE POMADA
- 2 HUEVOS BATIDOS
- 85 G DE AZÚCAR BLANQUILLA Y ALGO MÁS PARA ESPOLVOREAR
- RALLADURA DE 1 LIMÓN
- 1 CUCHARADITA DE CANELA MOLIDA
- ACEITE DE GIRASOL PARA UNTAR
- ACEITE PARA FREÍR

Para preparar la esponja, mezcle, en un cuenco grande, la levadura con la leche caliente hasta que la primera se disuelva. Incorpore la harina. Cubra con película de plástico y deje reposar en un lugar cálido 2 horas o hasta que la esponja haya subido como mínimo una tercera parte y esté activa, con abundantes burbujas.

Vierta la harina de fuerza en el cuenco de la batidora eléctrica con las varillas de amasar y añada la esponja y la sal. Accione la máquina a potencia mínima. Añada la mantequilla trozo a trozo. Cuando la haya incorporado por completo, añada los huevos batidos de una vez. Incorpore el azúcar, la ralladura de limón y la canela y amase 8 minutos. Aumente la potencia al máximo y amase 2 minutos.

Ponga la masa sobre la superficie de trabajo espolvoreada con harina y acábela de amasar a mano; vaya incorporando más harina hasta que obtenga una bola de masa con una textura homogénea y elástica. Úntela con un poco de aceite e introdúzcala en un cuenco ligeramente untado con aceite. Cubra con película de plástico. Deje fermentar a temperatura ambiente 2 horas, hasta que haya doblado su tamaño.

Vuelva a poner la masa sobre la superficie espolvoreada con harina y presiónela hasta conseguir un rectángulo. Divídalo en 20 partes de igual tamaño y forme bolas. Si desea preparar donuts con agujero, presione con el dedo el centro de cada bola y agrande el agujero hasta que adquiera unos 2 cm de diámetro. Coloque los donuts sobre una placa espolvoreada con harina y cúbralos con un paño. Déjelos levar en un lugar cálido de 40-50 minutos o hasta que hayan doblado su volumen.

Caliente el aceite a 190 °C. Fría los donuts por tandas y no llene demasiado la sartén, ya que reduciría la temperatura del aceite. Fríalos 1-2 minutos por la primera cara, déles la vuelta y fríalos 1 minuto más por la otra. Déjelos sobre papel absorbente. Ponga azúcar en un plato y reboce los donuts calientes. Sírvalos inmediatamente.

# Buñuelos de ciruela

**Los buñuelos pueden ser salados o dulces. Se preparan mezclando un ingrediente picado con una masa espesa o sumergiendo trozos más grandes en una masa de rebozar más líquida. En ambos casos se fríen en abundante aceite. Nuestros buñuelos se rellenan con frutas de temporada y la masa es bastante líquida, de manera que recubre la fruta con facilidad. Con las ciruelas Victoria maduras se elaboran deliciosos buñuelos, aunque también pueden prepararse con otras frutas, siempre que no sean demasiado jugosas. Es preferible consumir los buñuelos calientes o, como máximo, 2 horas después de freírlos.**

**Aunque puede modificar las cantidades para elaborar la masa, debe seguir usando la misma cantidad de levadura.**

**PARA 8 BUÑUELOS**

300 ML DE AGUA MINERAL CALIENTE (A APROX. 20 °C)
1 SOBRE DE LEVADURA DE ACCIÓN RÁPIDA
125 G DE HARINA BLANCA Y ALGO MÁS PARA ESPOLVOREAR
170 G DE HARINA DE FUERZA BLANCA
15 G DE AZÚCAR BLANQUILLA Y ALGO MÁS PARA REBOZAR
LA RALLADURA DE 1 LIMÓN
1 CUCHARADITA DE SAL MALDON, MOLIDA FINA
4 CIRUELAS MADURAS
ACEITE PARA FREÍR

Vierta el agua caliente en el cuenco de la batidora eléctrica equipada con las varillas de amasar. Añada la levadura y mezcle a potencia baja. Posteriormente, incorpore el resto de ingredientes, excepto las ciruelas. Trabaje la masa 10 minutos, hasta que adquiera una textura brillante y espesa. También puede batirla con unas varillas manuales. Cubra el cuenco con película de plástico y deje fermentar en un lugar cálido durante 2 horas.

Caliente el aceite a 190 °C.

Parta las ciruelas por la mitad y deshuéselas. Añada las ciruelas a la masa y tápela bien. Con la ayuda de una cuchara de metal grande, retire media ciruela cubierta con la pasta y déjela caer con cuidado en el aceite caliente. Añada otros tres buñuelos a la sartén. Evite que se junten y fríalos durante 4-5 minutos; vaya dándoles la vuelta a mitad de la cocción. Se inflarán, cuajarán y adquirirán un color dorado. Retírelos con una espumadera y póngalos sobre papel absorbente. Rebócelos con el azúcar y sírvalos inmediatamente. Vaya friendo el resto de buñuelos en pequeñas tandas.

**Para una buena fritura** es necesario seguir ciertas reglas básicas. El aceite debe ser neutro y capaz de soportar una temperatura de 190 °C sin quemarse. Los aceites de cacahuete, girasol y maíz son adecuados. Las mezclas de aceites vegetales pueden contener aceite de palma, que posee un elevado índice de grasas saturadas. El aceite debe estar limpio. El aceite debería cambiarse tras su uso y nunca emplearse más de tres veces. La fritura de empanados estropea rápidamente el aceite.

# Pastel Krantz

**Los pasteles levados son característicos de la repostería germana. Este pastel lleva un relleno típico de nueces y chocolate. También puede albergar un relleno más especiado, típico de Oriente Medio, en el que se incluyan semillas de amapola. Ilan Schwartz, que preparaba estos pasteles cuando era el jefe de nuestra *viennoiserie*, heredó la receta de su madre.**

**PARA 2 PASTELES**

1 SOBRE DE LEVADURA DE ACCIÓN RÁPIDA
500 G DE HARINA DE FUERZA BLANCA
1 CUCHARADA DE AGUA MINERAL CALIENTE (A APROX. 20 °C)
150 G DE QUESO CREMA
150 G DE CREMA AGRIA
150 G DE AZÚCAR BLANQUILLA
150 G DE MANTEQUILLA DERRETIDA
4 YEMAS DE HUEVO
UNA PIZCA DE SAL MALDON, MOLIDA FINA
ACEITE DE GIRASOL PARA EL CUENCO Y LOS MOLDES

**RELLENO**

100 G DE AZÚCAR BLANQUILLA
100 G DE NUECES
100 G DE CHOCOLATE DE CALIDAD

**GLASEADO**

1 YEMA DE HUEVO
1 CUCHARADA DE LECHE

**GLASEADO DE AZÚCAR**

50 G DE AZÚCAR BLANQUILLA
50 ML DE AGUA MINERAL

Mezcle, en un cuenco pequeño, la levadura, 2 cucharadas de harina y el agua caliente. Tape y deje reposar en un lugar cálido durante 2 horas o hasta que la levadura empiece a mostrar actividad y aparezcan burbujas.

Vierta el queso crema, la crema agria, el azúcar, la mantequilla derretida y las yemas de huevo en el cuenco de la batidora eléctrica equipada con las varillas. Bata y añada la mezcla de levadura y el resto de la harina. Bata a potencia media durante 5-6 minutos y añada la sal a la preparación. La masa resultará muy pegajosa y difícil de manipular. Pásela a un cuenco ligeramente untado con aceite, cubra con película de plástico y deje reposar en el frigorífico toda la noche.

Al día siguiente, retire la masa del frigorífico 20-30 minutos antes de empezar a trabajar con ella. Unte con aceite dos moldes para pan de 500 g.

Para preparar el relleno, vierta el azúcar y las nueces en el robot y triture hasta obtener un granulado fino. Vierta la mezcla en un cuenco. Pique groseramente el chocolate con la ayuda de un cuchillo y mézclelo con el azúcar y las nueces.

Sobre la superficie de trabajo ligeramente espolvoreada con harina, extienda la masa con el rodillo formando un rectángulo de unos 4 mm de grosor. Distribuya el relleno por encima y enrolle como si se tratara de un brazo de gitano, empezando desde un lado largo. Corte el rollo longitudinalmente con un cuchillo afilado y separe las dos mitades. Retuerza las juntas, mantenga la parte del corte hacia arriba y, posteriormente, corte la masa retorcida transversalmente por la mitad. Ponga cada una de las mitades en uno de los moldes preparados. Cubra con un paño y deje levar en un lugar cálido durante $1^1/_2$-2 horas o hasta que la masa doble su volumen.

Precaliente el horno a 180 °C.

Bata el huevo con la leche y pincele los pasteles. Hornee durante 15 minutos y baje la temperatura del horno a 160 °C. Hornee otros 25-30 minutos o hasta que la superficie esté bastante dorada.

Justo antes de retirar los pasteles del horno, prepare el glaseado de azúcar. Para ello, disuelva el azúcar en el agua y lleve a ebullición. Pincele el glaseado caliente sobre los pasteles todavía calientes y deje que se entibien en el interior de los moldes 10 minutos antes de desmoldarlos y pasarlos a una rejilla para que se enfríen.

# PANES RÁPIDOS

Los panes «rápidos» se caracterizan por la utilización de levadura en polvo, bicarbonato sódico y ácido tartárico para generar el anhídrido carbónico que aligera y hace subir la masa en lugar de la levadura de panadero. El bicarbonato sódico aporta un acabado más crujiente que la levadura en polvo. En nuestras recetas utilizamos con frecuencia una mezcla de ambos para conseguir una textura perfecta en panes, pasteles o bizcochos.

## Pan de maíz

**El pan de maíz, elaborado con harina de maíz, es muy apreciado en los estados del sur de EE.UU. Habitualmente, el pan de maíz se aromatiza con grasa de beicon (el ingrediente indispensable en la cocina del sur), aunque puede sustituirse por mantequilla, manteca de cerdo o aceite de oliva. Pueden incorporarse diversos ingredientes en la masa para conferir al pan un carácter distinto (crujientes trozos de beicon, por ejemplo, o cebolla frita, maíz dulce o, como en este caso, un poco de guindilla picante y cebolla tierna).**

**PARA 6 RACIONES**

120 ML DE LECHE
90 G DE MANTEQUILLA Y ALGO MÁS PARA EL MOLDE
240 G DE HARINA DE MAÍZ
240 G DE HARINA BLANCA
2 CUCHARADITAS DE LEVADURA EN POLVO
2 CUCHARADITAS DE BICARBONATO SÓDICO
1 CUCHARADITA DE SAL MALDON, MOLIDA FINA
1 HUEVO
120 ML DE YOGUR NATURAL BIO DESNATADO O SUERO
1 GUINDILLA VERDE FRESCA, FINAMENTE PICADA
2 CEBOLLAS TIERNAS, EN RODAJAS FINAS

Precaliente el horno a 180 °C. Unte con mantequilla una tartera redonda de 20 cm de diámetro y forre el fondo con papel sulfurizado untado con mantequilla.

Caliente la leche en un cazo pequeño, retírela del fuego y añada la mantequilla. Deje que se derrita. Vierta los ingredientes secos en un cuenco. Bata el huevo con el yogur y el suero. Incorpore la guindilla y la cebolla tierna y mezcle con los ingredientes secos.

Vierta la preparación en el molde. Hornee unos 25 minutos o hasta que la superficie esté dorada y el pan resulte firme al tacto.

Desmóldelo y córtelo, todavía caliente, en triángulos.

**Los panes de maíz deberían comerse siempre calientes** y resultan más sabrosos si se untan generosamente con mantequilla. Es el pan que se suele consumir en el sur de EE.UU. y acompaña prácticamente a cualquier alimento. Es ideal con los fritos o asados a la barbacoa, como el pollo. Más al sur se prepara en pesadas cacerolas de hierro o en una sartén.

Pan de soda integral

# Pan de soda blanco

**El suero, originariamente el residuo ligeramente ácido de la leche, de la cual se extrae prácticamente toda la grasa durante el proceso de elaboración de la mantequilla, se comercializa actualmente a partir de la leche desnatada. Proporciona al pan un sabor delicioso y característico. Puede encontrarse en los establecimientos de productos naturales. También puede sustituirse por yogur.**

**PARA 1 HOGAZA**

450 G DE HARINA BLANCA
1 CUCHARADITA DE AZÚCAR BLANQUILLA
1 CUCHARADITA DE SAL MALDON, MOLIDA FINA
1 CUCHARADITA DE BICARBONATO SÓDICO
1 CUCHARADITA DE ÁCIDO TARTÁRICO
350 ML DE SUERO, O YOGUR NATURAL BIO DESNATADO

Precaliente el horno a 230 °C.

Vierta la harina en un cuenco, junto con el azúcar, la sal, el bicarbonato y el ácido tartárico. Practique un hueco en el centro. Vierta dentro el suero y mezcle con una mano, trabajando desde las paredes del cuenco hacia el centro, mientras hace girar el cuenco con la otra mano. La masa debe adquirir una textura blanda, pero no demasiado húmeda y pegajosa. Si está demasiado seca, añada un poco más de suero.

En el momento en que la textura resulte homogénea, ponga la masa sobre la superficie de trabajo espolvoreada con harina y amase ligeramente. Forme una bola y colóquela en una placa de horno espolvoreada con harina. Practique una cruz profunda en la superficie de la hogaza, de modo que el corte llegue hasta la base.

Hornee a media altura durante 15 minutos y baje la temperatura a 200 °C. Siga horneando durante 30 minutos, momento en el que el pan debería sonar hueco al golpearlo en la base.

# Pan de soda integral

**Se trata de una presentación más atrevida que la versión blanca. El germen de trigo y la melaza aportan a este pan un gran aroma y humedad. Se conserva mejor que el pan de soda blanco, aunque es recomendable consumirlo inmediatamente.**

**PARA 1 HOGAZA**

300 ML DE SUERO O YOGUR NATURAL BIO DESNATADO
1 CUCHARADA DE MELAZA NEGRA
220 G DE HARINA BLANCA CON LEVADURA
220 G DE HARINA INTEGRAL
1 CUCHARADA DE GERMEN DE TRIGO
1/2 CUCHARADITA DE ÁCIDO TARTÁRICO
1 CUCHARADITA DE BICARBONATO SÓDICO
1 CUCHARADITA DE SAL MALDON, MOLIDA FINA

Precaliente el horno a 190 °C.

Caliente el suero con la melaza en un cazo pequeño hasta que esta última se disuelva. Mezcle todos los ingredientes secos en un cuenco. Vierta la preparación de leche y melaza y mezcle bien con las manos hasta conseguir una masa. Ésta debe poseer una textura blanda, pero no debe resultar demasiado húmeda y pegajosa.

Forme con ella una bola y colóquela sobre una placa de horno espolvoreada con harina. Practique una cruz profunda sobre la superficie del pan, de modo que el corte llegue hasta la base. Hornee durante 1 hora o hasta que el pan suene hueco al golpearlo en la base.

# *Scones*

**El secreto de un *scone* jugoso, al mismo tiempo que ligero, reside en la proporción del agente levador y la harina. Si se utiliza demasiado levador, el *scone* subirá mucho, pero su sabor no resultará nada agradable, debido a las sustancias químicas que contiene la levadura en polvo. También es importante reducir al mínimo el amasado, ya que, de otra manera, el gluten de la harina se trabajaría en exceso, con lo que la masa resultaría elástica y, por tanto, el *scone* horneado quedaría duro.**

**PARA 16 *SCONES***

450 G DE HARINA BLANCA CON LEVADURA
UNA PIZCA DE SAL MALDON, MOLIDA FINA
25 G DE AZÚCAR BLANQUILLA Y ALGO MÁS PARA ESPOLVOREAR
2 CUCHARADITAS DE LEVADURA EN POLVO
85 G DE MANTEQUILLA A PUNTO DE POMADA
2 HUEVOS
200 ML DE LECHE FRÍA
85 G DE PASAS SULTANAS (OPCIONAL)

**GLASEADO**

1 YEMA DE HUEVO
1 CUCHARADA DE LECHE

Precaliente el horno a 150 °C. Forre una placa de hornear grande con papel sulfurizado o una lámina de silicona. Mezcle la harina, la sal, el azúcar y la levadura en polvo en un cuenco. Corte la mantequilla en dados pequeños y mézclela con la harina con la ayuda de las manos. Bata ligeramente los huevos y añada la leche fría. Vierta la mezcla de leche y huevos sobre la harina y mezcle rápidamente y con cuidado; añada, si lo desea, las pasas. No trabaje la masa demasiado (cuanto más rápido y suave trabaje tanto mejor será el resultado).

Ponga la masa sobre la superficie de trabajo ligeramente espolvoreada con harina y extiéndala con el rodillo hasta conseguir un grosor de 2,5 cm. Con la ayuda de un cortapastas de 8 cm de diámetro, corte 16 círculos y colóquelos sobre la placa a una distancia de 5 cm.

Bata ligeramente la yema de huevo con la leche para preparar el glaseado. Pincele la superficie de los *scones* y espolvoree con un poco de azúcar extrafino por encima. Hornee a media altura durante 20-25 minutos o hasta que suban y se doren ligeramente. Déjelos enfriar sobre una rejilla, ábralos por la mitad y rellénelos con confitura o crema.

## Sobre la elaboración del pan

«Un pan puede tener un aspecto magnífico y una buena textura, pero si resulta soso o su sabor no es el adecuado, no tiene ningún sentido. Para la elaboración de un buen pan no existen atajos. El proceso es muy complejo, con numerosas variables sobre las que no se ejerce control. Por ejemplo, hay que tomar la temperatura a la masa al salir de la batidora, ya que si la temperatura ambiente la ha hecho subir más de lo deseable, habrá que enfriar el agua de la siguiente tanda para compensar.»

«El pan es algo vivo que debemos amar y respetar. Sólo así conseguiremos no sólo un buen pan, sino también un pan extraordinario. Hay que creer en lo que se hace. En caso contrario, no existiría suficiente información en el mundo para hacer que la magia se produzca.» JASON WARWICK, PANADERO JEFE

# Pasteles y galletas

Desde la antigua Grecia, e incluso en la actualidad, los pasteles han desempeñado un papel tanto simbólico como especial. Existen pasteles para bautizos, bodas, festividades religiosas y ocasiones especiales. Normalmente se entiende por «pastel» un producto horneado, elaborado con harina, habitualmente levado con levaduras químicas y de sabor dulce. Su textura es inmediatamente identificable y se diferencia perfectamente de la del pan. No obstante, esta diferencia no siempre fue evidente, ya que los primeros panes sin levar se describían como tortas. El primer edulcorante utilizado en estas tortas de pan fue la miel, en una época en la que la dulzura no implicaba necesariamente que algo tuviera que ingerirse de manera independiente de los platos salados.

Probablemente, los panes levados dulces constituyeron los primeros pasteles en el sentido moderno, aunque los pasteles que degustamos hoy en día sólo se remontan al siglo pasado, gracias a la introducción de la levadura en polvo, que se utiliza junto con masas blandas de harina. Los pasteles siguen siendo un presente y una culminación de la comida. Además, constituyen una parte importante del té de la tarde.

# PASTELES

Prácticamente todos los pasteles se elaboran con harina blanda, con un bajo contenido en gluten, así como con mantequilla, huevos y azúcar. Las proporciones y el modo en que se incorporan definen la textura del pastel al hornearlo. Lo que hace único a cada pastel es la forma, los aromatizantes utilizados y cómo se glasea, rellena y decora. Asimismo, las proporciones de los ingredientes básicos también determinan la técnica más apropiada para dar forma a una creación de repostería. Así, un elevado contenido en mantequilla hará más cremoso el pastel, lo que implicará que la mantequilla se bata enérgicamente con azúcar hasta que blanquee y absorba aire debido a la acción del batido. Ese aire es el elemento que asegura una textura ligera una vez que el pastel es horneado. Un pastel que incorpora muchos huevos (el clásico bizcocho) se inicia con el batido de los huevos con el azúcar, y el resultado es un pastel que, tras presionarlo suavemente, recupera su forma original. Los pasteles con un elevado contenido en melaza, miel

o chocolate se inician con el calentamiento o fusión de estos ingredientes, de manera que sea posible integrarlos con los otros ingredientes básicos.

La masa de los pasteles sube gracias a productos químicos en lugar de levaduras. Los agentes levantes más habituales son el bicarbonato sódico y la levadura en polvo, de la cual el ingrediente activo principal es el bicarbonato sódico. Los agentes levantes químicos sólo generan gas de forma breve, motivo por el cual no son adecuados para la elaboración de pan, que necesita un levado continuado y prolongado. La diferente textura del pan y los pasteles se debe al contenido en gluten de las harinas de fuerza (pan) y las harinas blandas (repostería).

Cuando el bicarbonato sódico, un álcali, se mezcla con un ácido, se desencadena una reacción química y se libera anhídrido carbónico. Así, pues, el bicarbonato sódico sólo puede utilizarse para levar masas si éstas contienen algún ácido natural, como ocurre con el ácido láctico, que se encuentra en el yogur y en el suero, el ácido cítrico o incluso el vinagre.

La levadura en polvo es un agente levante completo que sólo necesita agua para activarse. Se trata de una mezcla de bicarbonato sódico y sales ácidas, además de almidón molido, que se incluye para que absorba la humedad del aire. Este protector inerte, constituido por el almidón, es el que evita la activación prematura en el molde cuando existen condiciones de humedad.

La levadura en polvo contiene dos tipos diferentes de cristales de sal hidrosolubles, los cuales se activan secuencialmente. Los primeros, básicamente el ácido tartárico, reaccionan con la humedad a temperatura ambiente e inician la reacción con el bicarbonato sódico, lo que hace que se desprendan pequeñas burbujas de anhídrido carbónico. Un segundo cristal de sal ácida, normalmente el sulfato sódico de aluminio, sólo se activa a elevadas temperaturas, en el horno, y genera una cantidad mayor de anhídrido carbónico. Los sólidos húmedos de la masa del pastel se secan durante la cocción y cuajan alrededor de las burbujas antes de que cese la producción de gas, lo que da como resultado un pastel ligero, pero húmedo.

La harina con levadura incorporada contiene suficiente levadura en polvo como para levar la mayoría de pasteles, bollos y panes «rápidos». (Este tipo de panes, como el pan de soda y el pan de maíz, por ejemplo, que utilizan agentes levadores químicos en lugar de levaduras, tienen una textura que se asemeja más a los pasteles o los bollos que al pan levado con levaduras.) Sin embargo, tras muchos años de elaboración de pasteles, en Baker & Spice hemos descubierto que muchos pasteles mejoran su textura si se añade un poco de bicarbonato sódico o levadura en polvo a la harina con levadura. En este tipo de experimentos siempre existe cierto riesgo, ya que si se añade demasiada cantidad, el pastel adquirirá un sabor químico amargo y poseerá una miga dura.

Las distintas marcas de harina con levadura contienen diferentes cantidades de agentes levantes. Así, pues, la cantidad adicional de agente levante que se sugiere debe considerarse como guía y no como un valor absoluto.

# Genovesa de chocolate

**Los pasteles genovesa se elaboran a partir de una técnica francesa que algunas personas prefieren sustituir por un bizcocho tipo Victoria. Sin embargo, una batidora eléctrica le ayudará a conseguir un resultado consistente y ligero.**

**Es preferible preparar el bizcocho el día anterior, ya que podrá cortarlo con más facilidad. De hecho, puede conservarse en el frigorífico hasta 3 días o congelarse, envuelto con película de plástico, durante 2 semanas. Si la genovesa quedara un poco seca, puede pinchar la superficie con una aguja, bañarla con un poco de ron o brandy y dejarla reposar durante 12 horas antes de servir.**

**Este bizcocho genovesa se ha elaborado a partir de una receta creada por nuestro primer jefe de pastelería, Henri Berthaux. Constituye un delicado pastel para el postre.**

**PARA UN PASTEL DE 23 CM**

**GENOVESA**

60 G DE MANTEQUILLA Y ALGO MÁS PARA EL MOLDE
4 HUEVOS
115 G DE AZÚCAR BLANQUILLA
115 G DE HARINA
60 G DE CACAO EN POLVO

**PARA LA *MOUSSE***

150 G DE AZÚCAR BLANQUILLA
3 HUEVOS, SEPARADAS LAS CLARAS DE LAS YEMAS Y 3 YEMAS
1 CUCHARADA DE CACAO EN POLVO
200 ML DE CREMA DE LECHE ESPESA
100 G DE MANTEQUILLA, EN DADOS
250 G DE CHOCOLATE AMARGO DE CALIDAD, PICADO
1 CUCHARADA DE BRANDY

**DECORACIÓN**

75 G DE CHOCOLATE AMARGO DE CALIDAD, PICADO
CACAO EN POLVO PARA ESPOLVOREAR

Precaliente el horno a 170 °C. Unte con mantequilla un molde de 23 cm de diámetro. Forre el fondo con un disco de papel sulfurizado.

Para preparar la genovesa, derrita la mantequilla en un cazo a fuego lento. Retírelo inmediatamente del fuego y déjela enfriar. Vierta los huevos y el azúcar en el cuenco de la batidora eléctrica equipada con las varillas y bata a potencia media hasta que la mezcla monte. Este proceso le llevará 6-10 minutos. Es muy importante incorporar tanto aire como pueda en esta fase para conseguir un producto final ligero. Continúe batiendo hasta conseguir una consistencia de cinta (1) y que la mezcla blanquee.

Retire el cuenco de la batidora. Añada la harina y el cacao en polvo. Incorpórelos con cuidado (2, 3) sin dejar de remover. Añada la mantequilla derretida y, con la ayuda de una espátula de goma, y empezando desde el centro hacia la base y trabajando hacia fuera y hacia arriba, mezcle, al mismo tiempo que gira el cuenco, un cuarto de vuelta (4). Repita tres veces más, lo que significa que al acabar habrá girado el cuenco una vuelta completa. Se trata de la mejor manera de mezclar todos los ingredientes sin perder demasiado aire, ya que si trabaja en exceso la mezcla obtendría un pastel plano y pesado.

Vierta la mezcla en el molde y sírvase de una espátula para aprovechar todo. Hornee a media altura durante 20 minutos.

Posteriormente, y trabajando con rapidez para evitar al máximo la pérdida de calor, abra el horno y verifique si el pastel está cocido insertando una broqueta en el centro. Si la broqueta está limpia, es que ya está cocido. Si la saca con migas pegajosas, déjelo otros 5 minutos y compruebe de nuevo. Es probable que necesite otros 5 minutos. Cuando esté seguro de que está completamente cocido, retírelo del horno y déjelo enfriar sobre una rejilla antes de desmoldar.

*continúa en la página 98*

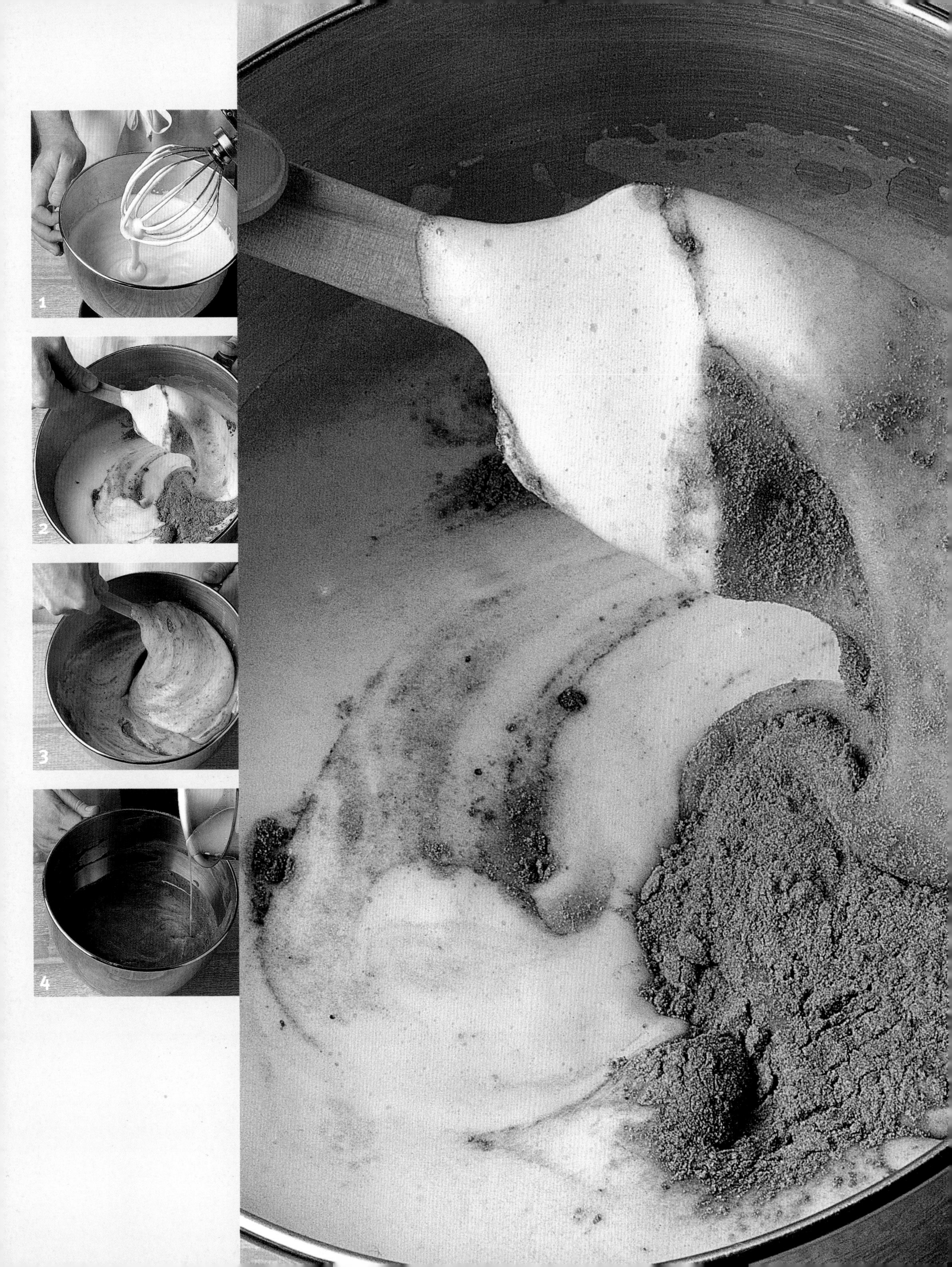
1
2
3
4

Corte con cuidado el centro más elevado para conseguir una superficie lisa. Lave y seque el molde. Corte una tira de papel de hornear para forrar con ella las paredes del molde. Introduzca la genovesa de nuevo en el molde y resérvela.

Para preparar la *mousse* de chocolate, vierta 50 g de azúcar, las 6 yemas de huevo, el cacao en polvo y la crema en un cuenco y póngalo al baño María. Remueva con una cuchara de madera hasta que se caliente o espese lo suficiente para cubrir el dorso de la cuchara. (Si se siente capaz, prepare la crema en un cazo a fuego lento, ya que resulta mucho más rápido.) Retire del fuego y vaya incorporando gradualmente la mantequilla y el chocolate hasta que se derritan y formen una textura homogénea. Añada el brandy. Bata las claras de huevo a punto de nieve con el resto del azúcar y mézclelas con la preparación anterior.

Vierta la *mousse* sobre la base de la genovesa en el interior del molde. Tape y conserve en el frigorífico 4 horas o toda la noche antes de desmoldar.

En el momento de servir, desmolde con cuidado; deslice un cuchillo paleta alrededor antes de abrir el lateral. Deje el pastel sobre la base del molde.

Para preparar la decoración, funda el chocolate en un cuenco al baño María. Viértalo sobre una placa metálica limpia y distribúyalo en una capa fina. A medida que el chocolate se vaya enfriando, vaya comprobando su textura (se debe trabajar lo justo antes de que se solidifique). Cuando el chocolate esté lo suficientemente firme para trabajar con él, realice virutas grandes con la ayuda de un cuchillo paleta. Colóquelas con cuidado sobre el pastel, de manera que las vaya apilando. Finalmente, espolvoree con cacao en polvo.

Si desea preparar una genovesa simple, omita el cacao en polvo. Una ración de genovesa simple con bayas de temporada o un *coulis* de frutas constituye un postre ligero y elegante.

# Pastel de chocolate y pacanas

**La vieja nuez pacana americana, originaria tanto de Louisiana como de zonas próximas a ella, comparte con las nueces un delicioso sabor y un aspecto bilobulado. Asimismo, las pacanas tienden a ponerse rancias con bastante rapidez, de manera que deben utilizarse inmediatamente. No debe congelarse, ya que, una vez descongelado, el pastel se estropearía con rapidez.**

**La combinación del chocolate con las nueces pacanas en este pastel resulta deliciosa sin ser excesivamente dulce, como ocurre en muchos casos con el pastel de pacanas. No obstante, se trata de un pastel muy suculento y mantecoso, de manera que una pequeña ración es suficiente.**

**PARA UN PASTEL DE 23 CM**

180 G DE CHOCOLATE AMARGO DE CALIDAD, PICADO
180 G DE MANTEQUILLA Y ALGO MÁS PARA EL MOLDE
4 HUEVOS, SEPARADAS LAS CLARAS DE LAS YEMAS
140 G DE AZÚCAR BLANQUILLA
225 G DE PACANAS, MOLIDAS
100 G DE HARINA, TAMIZADA

**GLASEADO**

360 G DE CHOCOLATE AMARGO DE CALIDAD, PICADO
250 G DE MANTEQUILLA
2 CUCHARADAS DE JARABE DE MELAZA DORADO

**DECORACIÓN**

50 G DE CHOCOLATE BLANCO, PICADO

Precaliente el horno a 180 °C. Unte con mantequilla un molde de 23 cm de diámetro. Forre el fondo con un disco de papel sulfurizado.

Para la elaboración del pastel, funda el chocolate y derrita la mantequilla en un cazo de fondo grueso a fuego lento y reserve hasta que se enfríen. Vierta las yemas de huevo y dos terceras partes del azúcar en el cuenco de la batidora eléctrica equipada con las varillas y bata hasta que la mezcla adquiera una textura espesa y blanquee. En otro cuenco, bata las yemas de huevo con el resto del azúcar hasta que estén a punto de nieve. Mezcle el chocolate fundido con las yemas montadas e incorpore las nueces molidas y la harina. Finalmente, mezcle con las claras a punto de nieve.

Vierta la preparación en el molde. Hornee en el centro del horno durante 45-50 minutos o hasta que, al insertar una broqueta en el centro del pastel, salga con algunas migas ligeramente pegajosas. Retírelo, colóquelo en una rejilla y déjelo enfriar por completo dentro del molde.

Para preparar el glaseado, mezcle el chocolate, la mantequilla y el jarabe en un cazo de fondo grueso y caliente a fuego lento hasta que la preparación adquiera una textura homogénea. Retire del fuego y deje enfriar hasta que alcance una consistencia de vertido.

Desmolde el pastel y colóquelo sobre una rejilla situada, a su vez, sobre una bandeja. Vierta por encima el glaseado y extiéndalo con cuidado por la superficie y los laterales del pastel con la ayuda de un cuchillo ancho.

Para preparar la decoración, funda el chocolate blanco en un cuenco al baño María. Viértalo en un pequeño cono realizado con papel sulfurizado a modo de manga pastelera (o una pequeña bolsa de plástico), corte la punta y dibuje líneas sobre el glaseado de chocolate. Pase la punta de una broqueta sobre las líneas de chocolate blanco. Deje solidificar antes de servir.

## Sobre los pasteles

«Lo que hace especial un pastel es la calidad de los ingredientes, su generosidad y su frescura y no una elaborada decoración. Básicamente, nuestros pasteles son productos sencillos, que ya están completos cuando salen del horno. Están más cerca de la buena repostería casera que de la clásica *pâtisserie* francesa, con sus complicadas cremas, aditivos y natillas. No es necesario seguir 20 pasos para elaborar algo delicioso.»

«Pequeños cambios en los ingredientes pueden significar grandes cambios en el pastel. No existen revoluciones, sino que las cosas se hacen mejor de forma muy gradual, siguiendo un proceso que conlleva cierto tiempo. Ocurre lo mismo que en el plano doméstico, donde una receta se cocina una y otra vez.» DORIT MAINZER, REPOSTERA

# Pastel de café con crema de *mascarpone*

**Esta receta nos la facilitó David Whitehouse, cuya *pâtisserie*, Leamingtons, en Richmond, lamentablemente cerró sus puertas, como algunos de los mejores pasteleros ingleses de la calle mayor. El pronunciado aroma a café de este pastel ofrece el equilibrio perfecto para el suculento relleno de *mascarpone*. La utilización de aceite de maíz como grasa es poco habitual en la repostería inglesa.**

**PARA UN PASTEL DE 20 CM DE DOS PISOS**

225 G DE HARINA CON LEVADURA
2 CUCHARADITAS DE LEVADURA EN POLVO
225 G DE AZÚCAR BLANQUILLA
225 ML DE ACEITE DE MAÍZ
2 HUEVOS, SEPARADAS LAS CLARAS DE LAS YEMAS
4 CUCHARADITAS DE EXTRACTO DE CAFÉ O 2 CUCHARADITAS COLMADAS DE CAFÉ INSTANTÁNEO DISUELTAS EN 2 CUCHARADITAS DE AGUA HIRVIENDO
75 ML DE LECHE ENTERA
MANTEQUILLA PARA EL MOLDE

**GLASEADO**

250 G DE *MASCARPONE*
1/4 CUCHARADITA DE RALLADURA DE LIMÓN
350 G DE AZÚCAR LUSTRE, TAMIZADO
2 CUCHARADAS DE EXPRESO FUERTE O 2 CUCHARADITAS COLMADAS DE EXPRESO INSTANTÁNEO DISUELTAS EN 2 CUCHARADAS DE AGUA HIRVIENDO

Precaliente el horno a 180 °C. Unte con mantequilla dos moldes de 20 cm de diámetro y forre el fondo con un disco de papel de hornear.

Tamice la harina, la levadura en polvo y el azúcar blanquilla sobre un cuenco. Mezcle con el aceite, las yemas de huevo, el café y la leche. Bata, en un segundo cuenco, las claras de huevo a punto de nieve. Incorpore una cucharada de las claras montadas a la mezcla del pastel antes de añadir el resto con cuidado. Distribuya la mezcla a partes iguales entre los moldes. Hornee unos 45 minutos o hasta que el bizcocho recupere su forma al presionarlo suavemente en el centro. Déjelos enfriar sobre una rejilla sin desmoldarlos, mientras los pasteles estén calientes.

Para preparar el glaseado de *mascarpone*, ponga el queso y la ralladura de limón en un cuenco y mezcle con la ayuda de una cuchara. Vaya añadiendo lentamente el azúcar lustre, una tercera parte cada vez, y mezcle con la cuchara antes de añadir más, hasta conseguir una pasta de textura espesa. Finalmente, incorpore el café, una cucharada cada vez, hasta que consiga una textura homogénea.

Extienda la mitad del glaseado sobre uno de los bizcochos y coloque el segundo encima. Añada y alise el resto del glaseado sobre el pastel con la ayuda de un cuchillo paleta.

# Pastel de miel y especias

**La mezcla muy suelta de este pastel se traduce en un producto ligero y aireado. Se aromatiza con un poco de zumo de jengibre fresco, que, con su sabor, realza las especias molidas más aromáticas.**

**PARA 1 PASTEL GRANDE (TIPO *CAKE*)**

UN TROZO DE 3 CM DE RIZOMA DE JENGIBRE FRESCO, PELADO
125 G DE MIEL FLUIDA
50 G DE JARABE DE MELAZA DORADO
140 G DE MANTEQUILLA
50 G DE AZÚCAR MORENO
2 HUEVOS
40 G DE HARINA DE CENTENO
100 G DE HARINA CON LEVADURA
1/2 CUCHARADITA DE LEVADURA EN POLVO
1/2 CUCHARADITA DE CANELA MOLIDA
1/2 CUCHARADITA DE PIMIENTA DE JAMAICA

Ralle el jengibre sobre una muselina doblada. Con la muselina sobre un cuenco, envuelva el jengibre para exprimir todo su zumo. Deseche la pulpa y reserve el zumo.

Precaliente el horno a 170 °C. Forre el fondo y los laterales de un molde (tipo *cake*) de 1 kg con papel sulfurizado. Caliente, en un cazo a fuego lento, la miel, el jarabe, la mantequilla y el azúcar moreno hasta que la mantequilla prácticamente se derrita. Vierta la mezcla en el cuenco de la batidora eléctrica con las varillas. Bata 2 1/2 minutos a potencia media, añada los huevos y el zumo de jengibre y bata otros 2 1/2 minutos. La mezcla debe haberse enfriado, aligerado y espesado.

Tamice en dos ocasiones las harinas, la levadura en polvo y las especias molidas. Incorpore los ingredientes secos a la mezcla de miel con la ayuda de una espátula. La mezcla resultará extraordinariamente húmeda. Viértala en el molde y coloque sobre una bandeja de horno a media altura. Hornee de 50-60 minutos o hasta que la superficie del pastel esté bien dorada y adquiera un aspecto esponjoso. Debe recuperar su posición original cuando se presione suavemente.

Deje enfriar sobre una rejilla a temperatura ambiente antes de desmoldar.

# Pastel marmolado

**El hecho de arremolinar el chocolate en la masa confiere a este pastel su aspecto característico al corte. Este efecto se consigue con mayor facilidad si la masa se divide en dos cuencos y a uno de ellos se le añade el chocolate. Después, el pastel se prepara añadiendo cucharadas de cada masa.**

**PARA 1 PASTEL GRANDE (TIPO *CAKE*)**

100 G DE CHOCOLATE AMARGO DE CALIDAD, PICADO
125 ML DE LECHE
120 G DE MANTEQUILLA A PUNTO DE POMADA
170 G DE AZÚCAR BLANQUILLA
2 HUEVOS
225 G DE HARINA CON LEVADURA
1 CUCHARADITA DE LEVADURA EN POLVO
65 G DE CREMA AGRIA
MANTEQUILLA Y HARINA PARA EL MOLDE

Precaliente el horno a 170 °C. Unte ligeramente con mantequilla un molde (tipo *cake*) de 1 kg. Corte un rectángulo de papel sulfurizado a la medida del fondo del molde y colóquelo en su lugar. Unte con mantequilla y espolvoree el papel y el interior del molde con un poco de harina. Ponga el chocolate y 50 ml de leche en un cuenco al baño María para que se funda. Retire del fuego.

Bata, en el cuenco de la batidora eléctrica, la mantequilla con el azúcar hasta que blanquee y esté esponjosa. Bata lentamente con los huevos, de uno en uno, hasta que estén bien mezclados. Tamice la harina con la levadura en polvo. Mezcle la crema agria y el resto de la leche. Añada una tercera parte de la harina a la mezcla de mantequilla y huevo, seguida de una tercera parte de la mezcla de crema agria. Incorpore otra tercera parte de la harina y otra tercera parte de la crema agria. Incorpore el resto de la harina y la crema agria. Vierta la mitad de la mezcla en otro cuenco. Añada la mezcla de chocolate a una de las mitades.

**Pastel de miel y especias (superior) y pastel marmolado**

Ponga las dos mezclas en el molde. Para conseguir el efecto marmolado, vaya añadiendo una cucharada de cada cuenco. Coloque el molde sobre una placa de horno a media altura y hornee durante 50-55 minutos o hasta que, al pinchar el centro del pastel con una broqueta, salga limpia.

Deje enfriar en el molde durante 10 minutos. Posteriormente, deslice un cuchillo entre el pastel y los laterales del molde. Con mucho cuidado, desmolde el pastel en la mano cubierta con un paño y déjelo enfriar sobre una rejilla.

Pastel de limón

# Pastel de limón

**Ligero y muy aromático, es un bizcocho de sabor fresco con un apetitoso e intenso color limón.**

**PARA 1 PASTEL PEQUEÑO (TIPO *CAKE*)**

115 G DE HARINA CON LEVADURA
1 CUCHARADITA DE LEVADURA EN POLVO
2 HUEVOS
115 G DE AZÚCAR BLANQUILLA
65 ML DE CREMA DE LECHE ESPESA
LA RALLADURA DE 1 LIMÓN
1 CUCHARADA DE ZUMO DE LIMÓN
45 G DE MANTEQUILLA DERRETIDA
MANTEQUILLA Y HARINA PARA EL MOLDE

**GLASEADO**

30 G DE AZÚCAR LUSTRE
1 CUCHARADITA DE ZUMO DE LIMÓN

Precaliente el horno a 170 °C. Unte ligeramente con mantequilla un molde (tipo *cake*) de 500 g. Corte un rectángulo de papel sulfurizado para cubrir el fondo del molde. Coloque el papel y úntelo con mantequilla. Espolvoree el papel y las paredes del molde con un poco de harina.

Tamice la harina y la levadura en polvo. Bata ligeramente los huevos con el azúcar. Mezcle la crema con los huevos durante un minuto y añada la ralladura y el zumo de limón. Incorpore la harina y, posteriormente, la mantequilla derretida.

Vierta la mezcla en el molde. Colóquelo sobre una placa de horno a media altura y hornee durante 45 minutos o hasta que, al introducir una broqueta en el centro, salga limpia. Deje enfriar en el molde durante 10 minutos y deslice un cuchillo entre el pastel y las paredes del molde. Desmolde el pastel con cuidado sobre la mano cubierta con un paño y déjelo enfriar sobre una rejilla.

Para preparar el glaseado, tamice el azúcar lustre sobre un cuenco pequeño. Lentamente, vaya añadiendo dos terceras partes del zumo de limón, sin dejar de remover, hasta que se mezcle. Añada más zumo de limón para obtener un glaseado ligeramente líquido. Pincele el pastel con el glaseado y deje que caigan unas gotas por los lados.

# Pastel de albaricoque

**Una masa suculenta produce un bizcocho clásico, con los albaricoques encima. Al hornearla, la masa sube alrededor de la fruta. En lugar de los albaricoques puede utilizar ciruelas firmes.**

**PARA UN PASTEL DE 23 CM DE DIÁMETRO**

200 G DE MANTEQUILLA A PUNTO DE POMADA
350 G DE AZÚCAR BLANQUILLA
3 HUEVOS
225 G DE HARINA CON LEVADURA
150 G DE CREMA AGRIA
12 ALBARICOQUES, CORTADOS POR LA MITAD Y DESHUESADOS
MANTEQUILLA Y HARINA PARA EL MOLDE

**PARA EL ACABADO**

45 G DE AZÚCAR BLANQUILLA

Precaliente el horno a 170 °C. Unte ligeramente con mantequilla un molde de 23 cm de diámetro. Forre el fondo con un disco de papel sulfurizado y úntelo con mantequilla. Espolvoree el papel y las paredes del molde con un poco de harina.

Bata, en el cuenco de la batidora eléctrica, la mantequilla con el azúcar hasta que adquiera una textura ligera y esponjosa. Vaya incorporando lentamente los huevos, uno a uno. Añada una tercera parte de la harina a la mezcla de mantequilla y huevo, seguida de una tercera parte de la crema agria. Añada otro tercio de la harina y de la crema agria. Finalmente, incorpore el resto de la harina y de la crema agria.

Vierta la mezcla en el molde. Coloque la fruta por encima, con la cara del corte hacia arriba; superponga ligeramente cada mitad de albaricoque, en círculos concéntricos hasta cubrir completamente la superficie. Finalice espolvoreando el pastel con azúcar. Hornee a media altura durante 50 minutos o hasta que, al pincharlo con una broqueta en el centro, salga limpia.

Deje enfriar en el molde durante 10 minutos. Deslice un cuchillo entre el pastel y las paredes del molde. Desmolde el lateral del pastel y deje enfriar sobre una rejilla.

# Pastel de zanahoria

**Un clásico americano, el pastel de zanahoria no es nada común, tanto por la utilización de un tubérculo en un pastel como por el empleo de aceite como grasa en lugar de mantequilla o margarina. El aroma predominante es el de la canela, aunque su potencial estridencia queda moderada con unos toques de nuez moscada y clavo, de manera que la dulzura del pastel queda maravillosamente equilibrada por el magnífico aroma de las especias. La textura del pastel es extraordinariamente húmeda gracias a las zanahorias.**

**PARA UN PASTEL DE 23 CM DE DOS PISOS**

300 G DE HARINA CON LEVADURA
1/4 CUCHARADITA DE LEVADURA EN POLVO
1/4 CUCHARADITA DE BICARBONATO SÓDICO
1 CUCHARADITA DE CANELA MOLIDA
1/2 CUCHARADITA DE CLAVO MOLIDO
1/4 CUCHARADITA DE NUEZ MOSCADA MOLIDA
UNA PIZCA DE SAL MALDON, MOLIDA FINA
4 HUEVOS
335 ML DE ACEITE DE GIRASOL
450 G DE AZÚCAR BLANQUILLA
125 G DE ZANAHORIA RALLADA
140 G DE NUECES PICADAS
2 CUCHARADAS DE AGUA MINERAL CALIENTE
MANTEQUILLA Y HARINA PARA EL MOLDE

**GLASEADO**

130 G DE MANTEQUILLA A PUNTO DE POMADA
300 G DE QUESO CREMA (TIPO PHILADELPHIA), A PUNTO DE POMADA
160 G DE AZÚCAR LUSTRE, TAMIZADO

Precaliente el horno a 180 °C. Unte ligeramente con mantequilla dos moldes de 23 cm de diámetro. Forre el fondo de los moldes con un disco de papel sulfurizado. Unte el papel con mantequilla y espolvoréelo, junto con las paredes de los moldes, con un poco de harina. Tamice la harina, la levadura en polvo, el bicarbonato sódico, las especias y la sal. Separe las claras y las yemas de dos huevos.

Bata, en el cuenco de la batidora eléctrica, el aceite con el azúcar. Lentamente, vaya añadiendo los huevos enteros; bátalos bien, y, seguidamente, incorpore las 2 yemas. Añada la zanahoria rallada, seguida de las nueces picadas. Incorpore la harina tamizada y, posteriormente, el agua caliente. Bata, en otro cuenco, las 2 claras de huevo a punto de nieve. Incorpórelas en la masa.

Divida la mezcla entre los dos moldes preparados. Coloque los moldes en una placa de horno a media altura y hornee durante 45 minutos o hasta que, al pinchar el pastel con una broqueta, salga limpia. Deje enfriar en los moldes durante 10 minutos. Deslice un cuchillo entre el pastel y las paredes del molde. Retire el anillo lateral del molde y deje que el pastel se enfríe completamente sobre una rejilla.

Para preparar el glaseado, bata todos los ingredientes hasta obtener una crema espesa. Distribuya una capa del glaseaso sobre uno de los bizcochos y coloque el otro encima. Distribuya el resto del glaseado sobre la superficie y los lados del pastel. Refrigere, como mínimo, 2 horas antes de servir y conserve en el frigorífico, ya que el glaseado perderá solidez a temperatura ambiente.

# Pastel del diablo

**Los pasteles con este nombre provocativo, con todas sus implicaciones de depravados excesos, con frecuencia resultan poco apetecibles, ya que normalmente son demasiado dulces y no poseen el chocolate necesario. En nuestro pastel del diablo utilizamos una cantidad poco habitual de chocolate, tanto en el bizcocho como en el glaseado, para conseguir la correcta nota de indulgencia.**

**Para un pastel de 23 cm de 4 pisos**

150 G DE CHOCOLATE AMARGO DE CALIDAD, PICADO
115 G DE AZÚCAR BLANQUILLA
125 ML DE LECHE
40 G DE CACAO EN POLVO
3 HUEVOS, SEPARADAS LAS CLARAS DE LAS YEMAS Y 1 YEMA
150 G DE MANTEQUILLA, A PUNTO DE POMADA Y ALGO MÁS PARA EL MOLDE
85 G DE AZÚCAR MOSCOVADO
225 G DE HARINA
1 CUCHARADITA DE SAL MALDON, MOLIDA FINA
1 CUCHARADITA DE BICARBONATO SÓDICO
170 G DE CREMA AGRIA

**Glaseado**

200 G DE CHOCOLATE AMARGO DE CALIDAD, PICADO
60 G DE CACAO EN POLVO
100 ML DE AGUA MINERAL
1 CUCHARADITA DE JARABE DE MELAZA DORADO
45 G DE MANTEQUILLA A PUNTO DE POMADA
280 G DE AZÚCAR LUSTRE, TAMIZADO
2 YEMAS DE HUEVO

Precaliente el horno a 170 °C. Unte con mantequilla dos moldes de 23 cm de diámetro y forre el fondo de cada uno de ellos con un disco de papel sulfurizado.

Para preparar el pastel, ponga el chocolate, el azúcar blanquilla, la leche, el cacao en polvo y 2 yemas de huevo en un cuenco al baño María. Remueva para obtener una mezcla con la consistencia de unas natillas. Retire del baño María y reserve.

Mezcle, en el cuenco de la batidora eléctrica, la mantequilla con el azúcar moscovado, hasta que la preparación adquiera una textura ligera y esponjosa. Incorpore las 2 yemas de huevo restantes, seguidas de la harina, la sal y el bicarbonato sódico. Añada la crema agria y, finalmente, la mezcla de chocolate. Bata, en otro cuenco, las claras de huevo a punto de nieve e incorpórelas en la masa del pastel hasta que estén bien mezcladas.

Distribuya la masa entre los dos moldes y alise ligeramente la superficie. Hornee a media altura durante 45-50 minutos o hasta que, al pinchar el centro del pastel con una broqueta, salga limpia. Coloque el pastel en una rejilla y deje enfriar completamente dentro del molde.

Para preparar el glaseado, ponga el chocolate en un cuenco al baño María para que se funda. Caliente, en un cazo a fuego lento, el cacao en polvo, el agua y el jarabe hasta que esté caliente, pero sin que llegue a hervir. Añada el chocolate fundido y bata hasta que la mezcla adquiera una textura homogénea. Retire del fuego e incorpore la mantequilla, el azúcar lustre y las yemas de huevo hasta obtener una mezcla lisa y cremosa. Pruébela y, si lo desea, añada más azúcar. Déjela enfriar hasta que espese, pero todavía posea una textura que le permita extenderla.

Desmolde los bizcochos y córtelos en dos pisos. Coloque un piso encima del otro con un poco de glaseado en medio y acabe extendiendo el resto de glaseado por encima y por los lados del pastel con la ayuda de un cuchillo paleta. Deje reposar en un lugar fresco toda la noche para que se solidifique, pero no introduzca en el frigorífico, ya que el glaseado resultaría demasiado duro.

# Magdalenas de salvado y arándanos

**En Gran Bretaña, las magdalenas, progresivamente, van ganando adeptos, aunque pocas personas las elaboran en casa. Este hecho puede deberse a que hay que disponer de una bandeja molde para hornearlas, a pesar de que también pueden hornearse en moldes de papel. Normalmente, los moldes de magdalena disponen de 12 huecos, los cuales deben tener, como mínimo, 6,5 cm de profundidad. Una vez horneadas, las magdalenas deben poseer una textura firme, al contrario que un bizcocho. Deben subir adecuadamente y tener un color dorado. Con frecuencia, la parte superior se agrieta un poco. Consuma las magdalenas calientes, ya que una vez frías no resultan tan deliciosas.**

**PARA 18 MAGDALENAS**

100 G DE SALVADO
300 ML DE LECHE
300 G DE HARINA BLANCA CON LEVADURA
2 CUCHARADITAS DE BICARBONATO SÓDICO
1 CUCHARADITA DE LEVADURA EN POLVO
3 HUEVOS
160 G DE AZÚCAR BLANQUILLA
85 G DE AZÚCAR MOSCOVADO
300 ML DE ACEITE DE GIRASOL Y ALGO MÁS PARA EL MOLDE
200 G DE ARÁNDANOS, LIMPIOS

Precaliente el horno a 170 °C. Unte ligeramente con aceite los huecos del molde de magdalenas.

Mezcle el salvado con la leche y reserve hasta que haya mezclado el resto de ingredientes. Tamice la harina, el bicarbonato sódico y la levadura en polvo. Bata ligeramente, en un cuenco grande, los huevos con el azúcar y el aceite. Incorpore la harina tamizada, y, posteriormente, añada el salvado remojado. Finalmente, añada la fruta y mezcle ligeramente (deben quedar algunos restos de harina).

Vierta la mezcla en los moldes de magdalena; llénelos casi en su totalidad. Hornee a media altura durante 20-25 minutos. Deje enfriar un poco y consuma inmediatamente.

## *Brownies* de chocolate y avellanas

**Probablemente, los *brownies* o negritos de chocolate deben su popularidad a su rico y húmedo interior, que evoca el recuerdo infantil de las delicias de la masa de pastel sin hornear. La masa debe trabajarse suavemente, ya que si se bate enérgicamente incorporará demasiado aire, que conllevaría un acabado esponjoso.**

**PARA 16 *BROWNIES* CUADRADOS**

120 G DE MANTEQUILLA SIN SAL, A PUNTO DE POMADA
250 G DE AZÚCAR BLANQUILLA
2 HUEVOS Y 1 YEMA DE HUEVO
210 G DE CHOCOLATE AMARGO DE CALIDAD, FUNDIDO
4 CUCHARADAS DE CAFÉ EXPRESO
1 CUCHARADA DE RON O BRANDY
165 G DE HARINA
1 CUCHARADITA DE LEVADURA EN POLVO
1/4 CUCHARADITA DE SAL MALDON, MOLIDA FINA
AVELLANAS ENTERAS
AZÚCAR LUSTRE PARA ESPOLVOREAR

Precaliente el horno a 180 °C. Corte un trozo de papel de aluminio para cubrir el fondo y las paredes de un molde cuadrado de 23 cm y 5 cm de profundidad.

Bata la mantequilla con el azúcar hasta que adquiera la consistencia de una crema. Añada los huevos uno a uno y, posteriormente, la yema; mezcle bien tras cada incorporación. Añada el chocolate fundido, después el café y, finalmente, el ron o el brandy. Tamice la harina, la levadura en polvo y la sal e incorpórelas con cuidado en la masa de chocolate.

Vierta en el molde. Presione con cuidado algunas avellanas enteras sobre la superficie. Hornee a media altura durante 20-25 minutos. Al introducir una broqueta en el centro del pastel, debe salir caliente en la punta y con algunas migas pegajosas. (El mayor riesgo al elaborar los *brownies* es prolongar demasiado la cocción, lo que los convierte en un bizcocho de chocolate seco. Por este motivo, es mejor equivocarse en sentido contrario y dejarlos poco hechos.)

Deje enfriar en el molde antes de cortarlo en cuadrados y espolvoréelos con azúcar lustre.

## *Brownies* de naranja y tarta de queso

**Al utilizar una manga pastelera para repartir una mezcla dulce de queso en remolinos entre capas de chocolate , se consigue un efecto de ola. El contraste de aromas y texturas es muy seductor.**

**PARA 16 *BROWNIES* CUADRADOS**

340 G DE QUESO CREMA A PUNTO DE POMADA
100 G DE AZÚCAR BLANQUILLA
1 YEMA DE HUEVO
30 G DE HARINA
LA RALLADURA DE 1 NARANJA
1 CUCHARADA DE ZUMO DE NARANJA RECIÉN EXPRIMIDO
1 RECETA DE MASA PARA *BROWNIES* DE CHOCOLATE (*VÉASE* SUPERIOR)

Precaliente el horno a 180 °C. Corte un trozo de papel de aluminio para cubrir el fondo y las paredes de un molde cuadrado de 23 cm y 5 cm de profundidad.

Bata el queso y el azúcar hasta que la mezcla resulte cremosa. Añada la yema de huevo y la harina. Mezcle con la ralladura y el zumo de naranja. Es importante que la consistencia sea bastante espesa. Conseguir una textura similar en la masa de queso y de chocolate hará que sea más fácil crear las ondas de queso sobre la base de chocolate. Vierta la mezcla de queso en una manga pastelera con una boca de 1 cm.

Vierta la mitad de la masa de *brownie* en el molde. Reparta la mitad de la mezcla de queso por encima con la ayuda de la manga pastelera, realizando ondas y empujando el queso en la masa de chocolate. Ayudándose de la manga, añada la mitad del resto de masa de *brownie* y, después, del resto de queso y empújelas contra la masa de chocolate. Finalice con el resto de masa de chocolate. Con la ayuda de una broqueta, realice movimientos en zigzag para acentuar el efecto.

Hornee del mismo modo que los *brownies* de chocolate y avellanas.

# GALLETAS Y PASTAS

Las galletas y las pastas constituyen deliciosos caprichos, que probablemente nunca se sirven como plato principal, pero se trata de productos sencillos que, en sus formas más delicadas, pueden complacer al paladar más exigente. Con su forma azucarada y más accesible han proporcionado placer a niños y personas de corazón joven desde la edad media. Se trata de dulces bocados que crujen deliciosamente y después explotan en la boca en dulces aromas.

El término «pastas» incluye gran variedad de bocados dulces o, en ocasiones, salados, que, habitualmente, tienen unas dimensiones reducidas y forma de disco o de barquillo. Pueden ser ligeramente levados (en ocasiones, un pequeño bizcocho puede considerarse una pasta) y su textura puede ser blanda, consistente o crujiente. Pueden ser extremadamente dulces, con azúcar o miel, o, por el contrario, ser saladas o estar aromatizadas con queso o anchoas.

Las pastas de chocolate pueden ser secas y poseer un aroma a chocolate,

o húmedas, esponjosas y con un intenso aroma a chocolate. Las más sabrosas se obtienen a partir de masas elaboradas con mantequilla, mientras que una galleta elaborada con agua constituye un acompañamiento seco y austero del queso. En una receta, las frutas secas pueden tener más importancia que la miga, aunque esto no impide que el producto final siga considerándose una pasta. El merengue también se considera una pasta, al igual que los rollitos de higo, los *garibaldis*, las mantecadas, las *crackers*, los *rusks*, las trenzas de queso, las nueces de jengibre, las pastas con pepitas de chocolate, las lenguas de gato y las tejas de almendra.

Las primeras pastas no diferían mucho de los primeros panes; en este sentido, se trataba de masas planas crudas y bastas ligadas con agua y cocidas a la parrilla. Probablemente, las galletas de avena fueron unas de las primeras. Al mejorar el acceso al trigo, las simples galletas de agua y harina se convirtieron en un alimento básico para los viajeros. Horneadas dos veces para eliminar cualquier humedad, constituyeron un cambio radical en la alimentación de los primeros marineros. Su textura resultaba tan dura que tenían que mojarse con agua para poderlas comer. Asimismo, debían resultar suficientemente duras para resistir el ataque de los insectos, como mínimo durante varios meses (después de un año en alta mar, las galletas se llenaban de gorgojos). Las primeras pastas elaboradas por placer culinario se servían tras los banquetes medievales y, con frecuencia, albergaban pescados y carnes que se endulzaban junto con el azúcar y las especias y proclamaban la riqueza y la generosidad de una persona frente al mundo.

En el siglo XVII, las pastas dulces se consumían ampliamente en las casas bienestantes y normalmente se trataba de pequeñas piezas de masa dulce cubiertas de un glaseado de azúcar, a pesar de que no todas eran dulces. Las Bath Oliver fueron un invento del siglo XVIII del Dr. Oliver de Bath, que pregonaba sus importantes propiedades digestivas. Animaba a sus pacientes de la alta sociedad a consumirlas como remedio contra los efectos de una dieta rica en carnes, una indicación a los beneficios de una dieta y una nutrición equilibradas que, posteriormente, se avalaron científicamente.

Poco a poco, pastas y galletas fueron adquiriendo características regionales y culturales, que son todavía identificables en la actualidad. En los países de Oriente Medio y en el norte de África son populares los barquillos finos perfumados con agua de rosas o de azahar y tachonados de frutos secos, mientras que los panes crujientes de centeno y semillas de amapola son típicos de Escandinavia. Las galletas americanas hacen gala de los ingredientes del Nuevo Mundo, como el chocolate, las pacanas y la melaza. Las pastas basadas en una masa dura, que pueden cortarse en cualquier forma, con frecuencia están relacionadas con eventos religiosos, como reminiscencia de la era precristiana. Es fácil acordarse de los hombrecitos de pan de jengibre y los *springerle* de las Navidades germanas (galletas glaseadas con forma de animales que representan la Natividad, y que se pintan con unos lápices especiales).

# *Shortbread* (mantecada)

**El *shortbread* o mantecada posee un elevado contenido en grasa. *Short* es la abreviatura de *shortening* (grasa), en este caso mantequilla. En Baker & Spice horneamos el *shortbread* en un molde rectangular y lo cortamos en tiras, aunque también puede hornearlo en el clásico molde redondo.**

**PARA 16 TIRAS O 10–12 TRIÁNGULOS**

150 G DE MANTEQUILLA Y ALGO MÁS PARA EL MOLDE
225 G DE HARINA
4 CUCHARADAS DE MAICENA
1/2 CUCHARADITA DE LEVADURA EN POLVO
125 G DE AZÚCAR BLANQUILLA Y ALGO MÁS PARA ESPOLVOREAR
1/4 CUCHARADITA DE SAL MALDON, MOLIDA FINA
1 CUCHARADITA DE ESENCIA DE VAINILLA (OPCIONAL)

Unte ligeramente con mantequilla un molde de brazo de gitano de 24 x 20 cm.

Corte en dados la mantequilla recién sacada del frigorífico y deje que adquiera una textura de pomada en un cuenco durante unos 30 minutos. Tamice por encima la harina, la maicena y la levadura en polvo y, posteriormente, añada el azúcar y la sal. (Si utiliza esencia de vainilla, puede añadirla en este momento.) Amase suavemente con la yema de los dedos y, a medida que la mezcla vaya adquiriendo una textura homogénea, forme una bola. También puede vertir las harinas, la levadura en polvo, la sal y el azúcar en el cuenco de la batidora eléctrica con las varillas. Añada la mantequilla en dados, y mezcle a potencia mínima hasta que la mantequilla y la harina se mezclen y adquieran el aspecto del pan rallado.

Para realizar las tiras, introduzca la masa en el molde. Practique unas incisiones para marcar las tiras, córtelas por la mitad a lo largo y, posteriormente, transversalmente. Pinche la superficie con un tenedor.

Para conseguir una presentación tradicional, espolvoree con azúcar la superficie de trabajo, ponga la masa encima y córtela por la mitad, formando dos bolas. Introduzca cada una de ellas en una tartera y presione; déjela más gruesa en los bordes y realice ondas con el índice y el pulgar. Pinche la superficie con un tenedor y practique 4 cortes semejantes a los radios de una rueda para dividirlos en 8 triángulos iguales una vez horneado. Hornee de 18-20 minutos y deje enfriar antes de desmoldar.

# Barra Benedicto

**El *shortbread* o mantecada se utiliza como base para un gran número de ingredientes. En este caso, se trata de una reminiscencia de la tarta Bakewell. Recibe el nombre de barra Benedicto, ya que se asemeja al pastel Benedicto de Sudáfrica. La idea fue de Jeanne Hertz, de nuestra pastelería.**

**PARA 16 BARRAS**

100 G DE MANTEQUILLA
60 G DE AZÚCAR BLANQUILLA
1 CUCHARADITA DE ESENCIA DE VAINILLA
200 G DE ALMENDRAS FILETEADAS
3 CUCHARADAS DE LECHE
1 RECETA DE MASA DE *SHOTBREAD*
CONFITURA DE FRAMBUESA

Precaliente el horno a 180 °C. Unte con mantequilla un molde de brazo de gitano de 24 x 20 cm.

Ponga la mantequilla, el azúcar, la esencia de vainilla, las almendras y la leche en un cazo pequeño de fondo grueso a fuego lento y caliente hasta que la mantequilla se haya derretido. Retire del fuego y deje enfriar. Presione la masa de *shortbread* contra el molde. Extienda una capa fina de confitura por encima y, posteriormente, la mezcla de almendras. Hornee como en el caso del *shortbread*, de 25-30 minutos.

Barra Benedicto

# Mantecadas de dátil

**Consistentes, dulces y aromáticas, el relleno de dátil, con el toque cítrico de la naranja y el ahumado de la canela, contrasta maravillosamente con la textura crujiente de la pasta mantecosa.**

**Para 16 barras**

250 g de dátiles
la ralladura de 1 naranja
25 g de mantequilla y algo más para el molde
1 cucharadita de canela molida
200 ml de agua mineral
1 receta de masa de *shortbread* o mantecada
(*véase* pág. 116)

Precaliente el horno a 180 °C. Unte ligeramente con mantequilla un molde de brazo de gitano de 24 x 20 cm.

Introduzca los dátiles, la ralladura de naranja, la mantequilla, la canela y el agua en un cazo y lleve a ebullición. Retire del fuego y deje enfriar antes de verter la mezcla en el robot. Pique hasta obtener una pasta basta y utilícela inmediatamente.

Extienda presionando dos terceras partes de la masa en el molde. Distribuya la mezcla de los dátiles por encima y extienda, sin presionar, el resto de la masa de *shortbread*. Hornee durante 25-30 minutos y deje enfriar en el interior del molde.

# Pastas de chocolate

**Con un exterior exquisitamente crujiente y el contraste de su centro blando, estas pastas elaboradas con los chocolates más finos crujen al morderlas y se derriten en la boca.**

**PARA 20–30 GALLETAS**

110 G DE HARINA
30 G DE CACAO EN POLVO
1 CUCHARADITA DE BICARBONATO SÓDICO
1/2 CUCHARADITA DE SAL MALDON, MOLIDA FINA
115 G DE CHOCOLATE AMARGO DE CALIDAD
50 G DE CHOCOLATE CON UN ALTO CONTENIDO EN CACAO, COMO EL VALHRONA GRAND CARAQUE
80 G DE MANTEQUILLA, A PUNTO DE POMADA Y ALGO MÁS PARA LAS PLACAS
175 G DE AZÚCAR MORENO
1 HUEVO

Tamice la harina con el cacao en polvo, el bicarbonato y la sal. Funda los chocolates en un cuenco al baño María y deje enfriar.

Bata, en la batidora eléctrica, a potencia alta, la mantequilla con el azúcar hasta que la mezcla adquiera una textura cremosa y blanquee. Añada poco a poco el huevo y bata hasta que se incorpore bien. Añada la mezcla tamizada de harina y cacao en polvo y, después, los chocolates fundidos. Tape y deje reposar en el frigorífico durante 1 hora.

Precaliente el horno a 180 °C.

Forme bolas de masa del tamaño de un huevo, con la ayuda de las palmas de las manos, y colóquelas sobre dos placas de horno untadas con mantequilla; deje espacio entre ellas para que se expandan durante la cocción. Presiónelas ligeramente con los dedos para aplanarlas. Hornee durante 15-20 minutos o hasta que los bordes estén firmes, pero el centro siga cediendo un poco al tacto. Deje enfriar en las placas un minuto y, posteriormente, sobre una rejilla hasta que se enfríen por completo.

Consúmalas inmediatamente o consérverlas en un bote hermético un máximo de 5 días.

# Galletas de avena y pasas

**Jugosas, dulces y verdaderamente apetitosas, estas galletas de avena y pasas son ideales tanto para los mayores como para los pequeños. Para conseguir un aroma más sofisticado, ponga las pasas en remojo en brandy un par de horas antes de incorporarlas a la masa.**

**PARA 20 GALLETAS**

115 G DE MANTEQUILLA A PUNTO DE POMADA
100 G DE AZÚCAR MORENO
115 G DE AZÚCAR BLANQUILLA
1 HUEVO, LIGERAMENTE BATIDO
4 CUCHARADAS DE AGUA MINERAL
2 CUCHARADITAS DE ESENCIA DE VAINILLA
100 G DE HARINA CON LEVADURA
1 CUCHARADITA DE SAL MALDON, MOLIDA FINA
250 G DE COPOS DE AVENA
100 G DE PASAS SULTANAS

Precaliente el horno a 180 °C. Forre dos placas de horno con papel sulfurizado. Bata, en la batidora eléctrica, la mantequilla con los azúcares hasta obtener una mezcla de textura ligera y esponjosa. Vaya añadiendo el huevo, sin dejar de batir, hasta que se haya incorporado. Seguidamente, vierta el agua y la esencia de vainilla antes de introducir el resto de ingredientes.

Haga rodar la masa entre la palma de las manos y forme piezas del tamaño de una nuez. Colóquelas en las placas de horno y deje espacio entre ellas para que se expandan al hornearlas. Hornee las galletas 15 minutos o hasta que adquieran una consistencia firme, pero todavía cedan algo al presionarlas con el dedo. Déjelas enfriar en las placas unos minutos y póngalas sobre una rejilla.

# Galletas con pepitas de chocolate

**Las galletas con pepitas de chocolate se crearon accidentalmente y nosotros sabemos exactamente cuándo, dónde y por quién. En 1933, Ruth Wakefield, propietaria del Toll House Inn, en Whitman, en Massachusetts, añadió pepitas de chocolate a una masa de galletas pensando que se fundirían y se mezclarían durante la cocción, puesto que deseaba crear una galleta con aroma a chocolate y de textura uniforme. Sin embargo, la mayor parte de los trozos de chocolate se mantuvieron intactos. Había nacido la galleta con pepitas de chocolate.**

**La versión de Baker & Spice de este clásico americano tiene un intenso aroma y es suculenta y consistente. Son apreciadas por muchos clientes americanos de Baker & Spice, que aseguran que las galletas les recuerdan su hogar. Utilizamos pepitas de chocolate ya preparadas, pero, si lo prefiere, puede cortar trozos pequeños de una tableta de chocolate de calidad.**

**PARA, APROXIMADAMENTE, 30 GALLETAS**

- 160 G DE MANTEQUILLA A PUNTO DE POMADA Y ALGO MÁS PARA LAS PLACAS
- 85 G DE AZÚCAR MORENO
- 85 G DE AZÚCAR BLANQUILLA
- 2 HUEVOS
- 400 G DE HARINA
- 1/2 CUCHARADITA DE BICARBONATO SÓDICO
- 1/2 CUCHARADITA DE LEVADURA EN POLVO
- 1/4 CUCHARADITA DE SAL MALDON, MOLIDA FINA
- 200 G DE PEPITAS DE CHOCOLATE NEGRO O 200 G DE CHOCOLATE AMARGO DE CALIDAD CORTADO EN TROCITOS

Precaliente el horno a 180 °C.

Bata, en el cuenco de la batidora eléctrica equipada con las varillas, la mantequilla con los azúcares hasta que la mezcla blanquee y adquiera una textura esponjosa. Añada los huevos, uno a uno, sin incorporar el siguiente hasta que el primero esté completamente ligado para evitar que la mezcla se corte. Tamice la harina, el bicarbonato sódico, la levadura y la sal e incorpórelos en la mezcla, junto con las pepitas de chocolate, con la ayuda de una espátula. Obtendrá una masa de textura compacta.

Haga rodar trozos de masa del tamaño de una nuez entre la palma de las manos y colóquelos en las placas untadas de mantequilla, dejando espacio entre las galletas para que se expandan al hornearlas. Hornee durante 15-20 minutos o hasta que los bordes resulten firmes, pero el centro siga cediendo ligeramente a la presión suave del dedo. Retire del horno y deje enfriar en las placas 1 minuto antes de colocarlas en una rejilla para que se enfríen a temperatura ambiente. Consúmalas inmediatamente o consérvelas en una lata hermética para galletas hasta un máximo de 5 días.

**(Página siguiente) En el plato, galletas de avena y pasas y, en el recipiente de vidrio, galletas con pepitas de chocolate**

# Galletas de mantequilla y pacanas

**El ingrediente que define a estas galletas es la mantequilla y su calidad resulta esencial. Debe utilizar mantequilla de Normandía, que es de gran calidad. Con ella conseguirá unas galletas espectaculares.**

**PARA UNAS 30 GALLETAS**

350 G DE HARINA
UNA PIZCA DE SAL MALDON, MOLIDA FINA
300 G DE MANTEQUILLA A PUNTO DE POMADA
60 G DE AZÚCAR BLANQUILLA
140 G DE NUECES PACANAS, PICADAS
AZÚCAR LUSTRE PARA ESPOLVOREAR

Precaliente el horno a 180 °C. Forre dos placas de horno con papel sulfurizado.

Tamice la harina y la sal. Bata la mantequilla y el azúcar hasta que la pasta adquiera una textura ligera y esponjosa. Incorpore las pacanas picadas y, posteriormente, la harina.

Forme bolas de masa del tamaño de una nuez entre la palma de las manos y colóquelas sobre las placas. Aplánelas ligeramente con los dedos. Hornee durante 15-20 minutos o hasta que estén firmes, pero cedan un poco a la presión ligera de los dedos. Déjelas enfriar en las placas unos minutos antes de pasarlas a una rejilla. Rebócelas con azúcar lustre mientras todavía estén calientes.

# Galletas de mantequilla y limón

**El pronunciado sabor a limón equilibra la suculencia de la mantequilla de estas galletas doradas y crujientes.**

**PARA 30–36 GALLETAS**

115 G DE AZÚCAR BLANQUILLA
LA RALLADURA DE 2 LIMONES
115 G DE MANTEQUILLA, CORTADA EN DADOS DE 2 CM
3 CLARAS DE HUEVO
115 G DE HARINA, TAMIZADA
1/2 CUCHARADITA DE ESENCIA DE VAINILLA
1 CUCHARADA DE ZUMO DE LIMÓN
1/4 CUCHARADITA DE SAL MALDON, MOLIDA FINA
MANTEQUILLA Y HARINA PARA LAS PLACAS

Triture ligeramente el azúcar y la ralladura de limón en el robot, unos 30 segundos, hasta que estén bien mezclados. Rebañe bien y vuelva a triturar otros 30 segundos. Rebañe de nuevo, añada la mantequilla y bata hasta que esté cremoso. Con el robot a potencia máxima, añada las claras de huevo a través de la abertura. Siga trabajando y añada la harina, cucharada a cucharada. Cuando la haya incorporado, añada la esencia de vainilla, el zumo de limón y la sal y trabaje hasta que la mezcla adquiera una textura espesa. Viértala en un cuenco y bata durante un minuto con una cuchara de madera. Tape con película de plástico y deje reposar durante 20 minutos.

Precaliente el horno a 190 °C. Unte con mantequilla dos placas de horno y espolvoréelas ligeramente con harina. Deje caer cucharaditas colmadas de la masa sobre las placas. Ponga 15-18 galletas en cada placa y deje cierta distancia ente cada una para que se puedan extender. Coloque las placas en el centro del horno y hornee durante 10 minutos. Si no caben las dos placas a la misma altura, haga dos hornadas. Deje enfriar sobre una rejilla.

**Galletas de mantequilla y pacanas**

# Tejas de almendra

**Las tejas son maleables mientras están calientes, de manera que si se colocan sobre un molde, al endurecerse conservarán la forma. Este hecho las hace ideales para utilizarlas a modo de recipiente comestible o como tulipa para rellenar. También resultan deliciosas y lo suficientemente quebradizas para romperse con el primer mordisco, estallando en la boca con un delicioso y consistente acabado, semejante a un *toffee*.**

**PARA UNAS 30 TEJAS**

150 G DE ALMENDRAS BLANQUEADAS, FILETEADAS O PICADAS
150 G DE AZÚCAR BLANQUILLA
60 G DE HARINA
1 HUEVO, SEPARADA LA CLARA DE LA YEMA Y 1-2 CLARAS DE HUEVO
40 G DE MANTEQUILLA DERRETIDA

Precaliente el horno a 180 °C. Forre una placa de horno con una lámina de silicona o con papel sulfurizado.

Mezcle, en un cuenco, las almendras con el azúcar y la harina. Añada la yema de huevo, y las 2 claras para formar una pasta de textura espesa que debe caer pesadamente de la cuchara. Si resulta demasiado espesa, añada, poco a poco, la clara restante. Incorpore la mantequilla derretida.

Vierta dos cucharaditas de la mezcla sobre la placa de horno y extiéndalas hasta formar un círculo de 10 cm de diámetro, con la ayuda de un tenedor mojado en agua fría. Forme otros tres círculos sobre la placa y hornee durante 5-10 minutos o hasta que los bordes de las tejas estén dorados.

Retire inmediatamente las pastas de la placa con la ayuda de una pala de pescado o un cuchillo paleta y déjelas caer sobre un rodillo estrecho. De esta manera, las pastas se endurecerán casi inmediatamente en forma de una teja curvada, que podrá retirar enseguida. También puede colocar las pastas sobre pequeños vasos puestos al revés, empujando ligeramente los bordes para formar una copa. Continúe horneando y dando forma a las tejas hasta acabar toda la pasta.

# Galletas de parmesano

**La auténtica galleta de queso constituye el acompañamiento perfecto en cualquier aperitivo y combina especialmente bien con el jerez seco. Si lo prefiere, puede sustituir el parmesano por un cheddar curado de calidad.**

**PARA 40–50 GALLETAS**

335 G DE HARINA
300 G DE PARMESANO RECIÉN RALLADO
300 G DE MANTEQUILLA, REFRIGERADA Y CORTADA EN DADOS
1/3 CUCHARADITA DE PIMIENTA DE CAYENA
1 1/2 CUCHARADITAS DE SAL MALDON, MOLIDA FINA
1 CUCHARADITA DE PIMIENTA NEGRA MOLIDA GROSERAMENTE
1-2 CUCHARADAS DE AGUA MINERAL FRÍA

**PARA EL ACABADO**

1 HUEVO, LIGERAMENTE BATIDO
2 CUCHARADAS DE SEMILLAS DE SÉSAMO
2 CUCHARADAS DE SEMILLAS DE CEBOLLAS NEGRAS

Introduzca la harina, el parmesano recién rallado y la mantequilla en dados en el robot, con la pimienta de Cayena, la sal y la pimienta negra. Triture hasta que la mezcla adquiera una textura semejante al pan rallado, momento en el que vertirá el agua fría a través de la abertura del robot, hasta que la masa forme una bola.

Póngala sobre la superficie de trabajo ligeramente espolvoreada con harina y forme un cilindro. Las galletas se cortarán a partir de él, de manera que debe tener un tamaño adecuado. Envuélvalo con película de plástico y conserve en el frigorífico como mínimo 4 horas o toda la noche.

Pincele el cilindro con huevo batido y hágalo rodar sobre las semillas de sésamo y cebolla hasta que quede totalmente cubierto. Envuelva e introduzca de nuevo en el frigorífico durante una hora.

Precaliente el horno a 180 °C. Corte el cilindro en rodajas de 5 mm de grosor y colóquelas sobre placas de hornear antiadherentes; deje, como mínimo, un espacio de 2 cm entre ellas. Hornee durante 20-25 minutos o hasta que las galletas estén doradas. Déjelas enfriar sobre una rejilla.

# Merengues

**Los merengues de Baker & Spice poseen un tamaño considerable (unos 10 cm de diámetro). La gente los degusta tal cual, dulces, crujientes y ligeros como el aire.**

**Laurent Beauvois, un trabajador de la tienda, afirma que siempre han sido uno de los productos preferidos por los clientes habituales, sobre todo por los niños, cuyos ojos se iluminan ante la pirámide que forman estos dulces. «Siempre son tema de conversación en la tienda», afirma, «la gente se sorprende del tamaño y la intensidad del color blanco. Literalmente, es lo primero que atrae la mirada cuando se traspasa la puerta de la tienda».**

**La diferente textura de nuestros merengues, comparados con el resto, se debe a que las claras de huevo y el azúcar se calientan al baño María antes de batirlas durante cierto tiempo, mientras se enfrían y montan. Introduzca los merengues en el horno precalentado a una temperatura ligeramente superior a la habitual, apague el horno y déjelos en el interior toda la noche.**

**PARA 12 MERENGUES**

115 G DE CLARA DE HUEVO
225 G DE AZÚCAR BLANQUILLA
30 G DE ALMENDRAS FILETEADAS

Precaliente el horno a 150 °C. Forre dos placas de horno grandes con papel sulfurizado o una lámina de silicona.

Ponga las claras de huevo y el azúcar en un cuenco al baño María y remueva hasta que el azúcar se haya disuelto y la mezcla resulte bastante caliente al tacto. Vierta la mezcla al cuenco metálico de la batidora eléctrica y bata con las varillas hasta que monten y estén frías (unos 15 minutos).

Distribuya 6 montones grandes de merengue en cada placa y esparza las almendras por encima. Introduzca las placas en el horno, apáguelo y deje que los merengues se sequen durante toda la noche.

**Sirva los merengues con...**

... un *coulis* de fruta
... helado de vainilla o chocolate
... nata montada
... yogur griego y bayas de temporada

O macere las bayas con *kirsch* (licor de cereza) y azúcar, mezcle con nata montada y los merengues desmenuzados y congele para obtener un *parfait*. O mezcle trozos de merengue con helado y añádalos en último momento.

# Pastas

En la época de los romanos se conocía una lámina de pasta fina como la *filo*, y en la cocina medieval era característica una pasta básica en forma de recipiente, prácticamente incomestible, para empanadas. Desde el siglo XV y, en versiones cada vez más sofisticadas, las pastas han constituido una parte esencial de la cocina occidental. En la década de 1420, un emprendedor cocinero francés incorporó mantequilla al proceso de elaboración y estirado de la pasta para crear la primera masa de hojaldre. Hoy en día, el hojaldre sigue siendo el representante más fino de todas las pastas reposteras.

En la actualidad, entre las pastas se encuentra un gran número de formas diferentes, desde una pasta básica quebrada como fondo de tarta, pasando por formas mucho más ricas en mantequilla, hasta la perfecta pasta de hojaldre y su expresión más definitiva y compleja, el croissant. Entre las pastas también se encuentran las de agua (elaboraciones contundentes que se basan en la manteca de cerdo) y la pasta *choux*, o de lionesas, la masa que menos se parece a una pasta, una masa blanda que debe su elasticidad a los huevos.

# PREPARAR UNA PASTA

La cocina no es un laboratorio, pero se convierte en un entorno casi científico cuando se trata de la elaboración de una pasta, donde la precisión es esencial. Con la mayor parte de las preparaciones culinarias es posible hacer conjeturas basadas en la experiencia. Sin embargo, las pastas no aceptan modificaciones aleatorias, aunque todo el mundo adapta y cambia las recetas. Cuando estos cambios funcionan, los pequeños ajustes se consideran mejoras, pero no deben esperarse nuevos métodos revolucionarios, ya que no existen.

La primera norma en la elaboración de una pasta es disponer de una serie de balanzas de precisión y utilizarlas siempre.

La pasta, especialmente cuando se añade mantequilla fría, no reacciona bien ante el calor, por lo que debe prepararse lo más alejada del horno que se pueda, y trabajar en un ambiente lo más fresco posible. Una superficie de mármol es ideal para trabajarla; además, puede adquirirse en los establecimientos especializados. Aunque es preferible, no resulta imprescindible.

# Pasta azucarada

**Su preparación, con la ayuda de un robot de cocina, precisa sólo unos segundos, de manera que es posible elaborar dos fondos de tarta al mismo tiempo. Puede congelar uno y, más adelante, hornearlo tras retirarlo del congelador, sin necesidad de descongelar, lo que implica que puede disponer de forma inmediata de un fondo de tarta.**

**PARA 2 FONDOS DE TARTA DE 25 CM DE DIÁMETRO**

500 G DE HARINA
150 G DE AZÚCAR BLANQUILLA
100 G DE ALMENDRAS MOLIDAS
380 G DE MANTEQUILLA, FRÍA, CORTADA EN DADOS PEQUEÑOS
1 HUEVO Y 2 YEMAS
1/2 CUCHARADITA DE RALLADURA DE LIMÓN
1 CUCHARADITA DE RON O BRANDY
UNA PIZCA DE SAL MALDON, MOLIDA

Vierta la harina, el azúcar y la almendra en el robot de cocina y mezcle a potencia máxima unos segundos. Añada la mantequilla y bata hasta obtener una migas. Incorpore el huevo y las yemas, la ralladura de limón, el ron o brandy y una pizca de sal y bata ligeramente hasta formar una bola.

Póngala sobre una película de plástico y forme una bola o un cilindro de unos 5 cm de diámetro. Envuelva y conserve en el frigorífico 2 horas como mínimo. Debido a su elevado contenido graso, puede conservarse en el frigorífico una semana y se congela perfectamente.

La gran cantidad de mantequilla que contiene hace difícil extenderla directamente con un rodillo; es preferible colocarla entre dos hojas de papel sulfurizado y extenderla con el rodillo. Divida la masa en dos porciones iguales.

Para preparar cada fondo de tarta, extienda una porción hasta obtener un círculo 5 cm mayor que el fondo de una tartera desmontable de 25 cm de diámetro. Retire la hoja superior de papel y, con cuidado, tome la masa por la parte inferior sin retirar el papel. Coloque la masa sobre el molde, con el papel hacia arriba. Intente que no quede aire entre la masa y el molde. Si la ha extendido fina, doble hacia dentro la masa que cuelga para que las paredes tengan un grosor doble. Apriete la pasta entre el índice y el pulgar y asegúrese de que la parte superior se encuentra sobre las paredes del molde, ya que durante el horneado encogerá.

Como alternativa, puede cortar discos finos del cilindro de masa y solaparlos ligeramente hasta cubrir el fondo y las paredes del molde, apretando con los dedos para formar una capa uniforme. Presione las esquinas donde se encuentran la base y las paredes del molde para que no quede aire entre la masa y molde. Apriete ligeramente la masa contra las paredes del molde.

Precaliente el horno a 190 °C. Forre el molde con papel de aluminio y añada un peso de cerámica o legumbres secas. (Los pesos de cerámica tienen la ventaja de no transmitir el olor de las legumbres secas cuando se reutilizan.)

Hornee 15 minutos. Retire el papel de aluminio y el peso. Baje la temperatura a 150 °C. Hornee otros 15 minutos, hasta que la pasta esté ligeramente dorada.

# Tartaletas de limón

**Las tartaletas de limón de pastelería utilizan mucha mantequilla, por lo que resultan extremadamente suculentas. Se trata de una elegante tartaleta con un delicado, aunque evidente, sabor a limón.**

**PARA 10 TARTALETAS INDIVIDUALES**

1 RECETA DE PASTA AZUCARADA (*VÉASE* PÁG. 131)
8 HUEVOS
35 G DE MAICENA
LA RALLADURA Y EL ZUMO DE 4 LIMONES
235 G DE AZÚCAR BLANQUILLA
225 G DE MANTEQUILLA, EN DADOS PEQUEÑOS

**DECORACIÓN (OPCIONAL)**

CHOCOLATE AMARGO DE CALIDAD FUNDIDO

Precaliente el horno a 170 °C.

Extienda la pasta (o discos) y forre diez moldes de tartaleta, de 8-10 cm de diámetro, de base desmontable. Pinche las bases de las tartaletas con un tenedor (no es necesario cubrir con papel de aluminio y aplicar un peso). Hornee durante 20 minutos o hasta que la pasta cuaje y esté ligeramente dorada. Deje enfriar.

Bata ligeramente en un cuenco los huevos con la maicena.

Ponga la ralladura y el zumo de limón y el azúcar en un cazo de fondo grueso y lleve a ebullición. Retire el cazo del fuego. Bata un poco de la mezcla de limón y azúcar con los huevos y, posteriormente, vierta esta preparación en el cazo con el zumo de limón restante. Vuelva a poner el cazo a fuego bajo-medio, cueza 1 minuto sin dejar de remover y retire del fuego. Añada poco a poco la mantequilla y remueva con rapidez tras cada incorporación. Pase la mezcla a un recipiente ancho. Tape la superficie con película de plástico y deje enfriar.

Vierta la crema de limón en una manga pastelera provista de una boca lisa de 1,5 cm y rellene los fondos de tartaleta, dibujando círculos y acabando en pico. Si lo desea, decore con un poco de chocolate fundido.

# Tarta de crema de limón

**Con la crema de limón se elabora una tarta deliciosa y tiene la ventaja de tratarse de una preparación mucho más sencilla. El resultado es bastante ácido, por lo que los más golosos pueden añadir otros 60 g de azúcar a la mezcla de la crema. Normalmente, a los limones se les aplica una capa de cera; además, excepto que sean de cultivo biológico, se habrán tratado químicamente, por lo que siempre deben lavarse en agua jabonosa, aclararse bien y secarse antes de utilizarlos.**

**PARA UNA TARTA DE 25 CM DE DIÁMETRO**

8 HUEVOS
60 G DE MANTEQUILLA
LA RALLADURA Y EL ZUMO DE 6 LIMONES
225 G DE AZÚCAR BLANQUILLA
PASTA AZUCARADA PARA UN FONDO DE TARTA DE 25 CM (*VÉASE* PÁG. 131), HORNEADA

Bata los huevos en un cuenco. Derrita la mantequilla a fuego lento en un cazo de fondo grueso. Añada los huevos, el zumo y la ralladura de limón y el azúcar. Cueza ligeramente y remueva de vez en cuando. En el momento en que la mezcla empiece a espesar, remueva constantemente hasta que la crema adquiera una textura espesa.

Viértala sobre el fondo de tarta ya horneado y deje enfriar y cuajar antes de servir.

Tartaletas de limón

# Tarta de chocolate

**Deliciosa y de color oscuro, esta tarta resulta más sabrosa cuando el relleno está tibio, pero no caliente. A mayor calidad del chocolate, más deliciosa resulta la tarta.**

**PARA UNA TARTA DE 25 CM**

220 G DE CHOCOLATE AMARGO DE LA MEJOR CALIDAD, PICADO
180 G DE MANTEQUILLA
6 HUEVOS
280 G DE AZÚCAR BLANQUILLA
85 G DE HARINA, TAMIZADA
FONDO DE TARTA DE PASTA AZUCARADA DE 25 CM (*VÉASE* PÁG. 131), HORNEADO
AZÚCAR LUSTRE PARA ESPOLVOREAR

Introduzca el chocolate en un cuenco al baño María. La base del cuenco no debe permanecer en contacto con el agua. Remueva de vez en cuando con una cuchara metálica hasta que el chocolate se haya fundido.

Precaliente el horno a 180 °C.

Ponga la mantequilla, los huevos, el azúcar lustre y la harina tamizada en el cuenco de la batidora eléctrica equipada con las varillas. Bata a potencia media. Incorpore el chocolate y bata otros 10 minutos.

Coloque el fondo de tarta horneado sobre una placa de horno y rellene con la mezcla de chocolate. Hornee durante 20 minutos. Coloque sobre una rejilla y deje que se entibie.

Espolvoree con azúcar lustre y sirva acompañada de crema semimontada.

# Tarta de chocolate y caramelo

**Los aromas del chocolate y el caramelo contrastan a la perfección, al mismo tiempo que equilibran lo amargo y lo dulce en boca. La combinación resulta suculenta, con el maravilloso contrapunto de la pasta azucarada crujiente. El relleno de la tarta también es ideal para cubrir una barra de *shortbread* (*véase* pág. 116). Para ello, vierta la mezcla de caramelo sobre el *shortbread* horneado y deje que se enfríe y cuaje. Corone con el chocolate e introduzca en el frigorífico antes de cortarlo en barras.**

**PARA UNA TARTA DE 25 CM**

225 G DE AZÚCAR BLANQUILLA
100 ML DE AGUA MINERAL FRÍA
150 ML DE CREMA DE LECHE LIGERA
115 G DE MANTEQUILLA, EN DADOS
UN FONDO DE TARTA DE PASTA AZUCARADA DE 25 CM (*VÉASE* PÁG. 131), HORNEADA

**RELLENO DE CHOCOLATE**

170 G DE CHOCOLATE AMARGO DE CALIDAD, PICADO
30 G DE MANTEQUILLA

Vierta el azúcar y el agua en un cazo de fondo grueso y lleve a ebullición. Baje el fuego y, con la ayuda de un termómetro, deje que el caramelo alcance los 180 °C, momento en el que habrá adquirido un intenso color tostado. Retire el cazo del fuego y vaya añadiendo la crema de leche, cucharada a cucharada, ya que la mezcla formará espuma cuando la crema fría entre en contacto con el caramelo caliente. Una vez incorporada la crema, añada poco a poco la mantequilla para obtener una salsa homogénea y cremosa. Viértala sobre el fondo de tarta horneado y deje que cuaje.

Ponga el chocolate en un cuenco al baño María. Cuando se haya fundido, retire del fuego e incorpore la mantequilla. Extiéndalo sobre el caramelo cuajado, con la ayuda de una espátula de plástico, y, posteriormente, realice un atractivo dibujo sobre la superficie con la punta de una broqueta. Deje enfriar completamente antes de servir.

Tarta de chocolate y caramelo

# Pasta de hojaldre

**El hojaldre es un producto rico, de múltiples capas y con abundante mantequilla. Cuando se elabora correctamente, es tan ligero que no se nota su peso en la mano ni su gran contenido graso en boca. Es escamoso, con capas finas, crujientes y frágiles, que constituyen un conjunto extraordinario gracias al aire que las separa.**
El secreto a la hora de elaborar un buen hojaldre consiste en ir intercalando la mantequilla y el aire en la harina a medida que se prepara la pasta, estirarla con el rodillo, darle vueltas y enfriarla, pero, al mismo tiempo, evitar trabajar en exceso el gluten de la harina.

Al estirar demasiado la masa se consigue elasticidad. Eso es lo que se desea cuando se prepara masa de pan, pero, en este caso, se obtiene una retracción que resulta inaceptable. El frío es esencial. Si la mantequilla se ablanda quedará oleosa y resbalará entre la harina, lo que conferirá a las capas de pasta una superficie grasienta y provocará que se adhieran y que no suban. La elaboración del hojaldre no es sencilla y se precisa tiempo. Como cualquier cosa basada en una técnica, con la práctica se consiguen mejores resultados.

Es preferible prepararlo con un día de antelación. La técnica de Baker & Spice para la elaboración del *beurre manié*, o pasta de mantequilla, es diferente a la mayoría de las recetas que intercalan mantequilla fría en la pasta. Además, se consigue un hojaldre excelente y mantecoso.

4

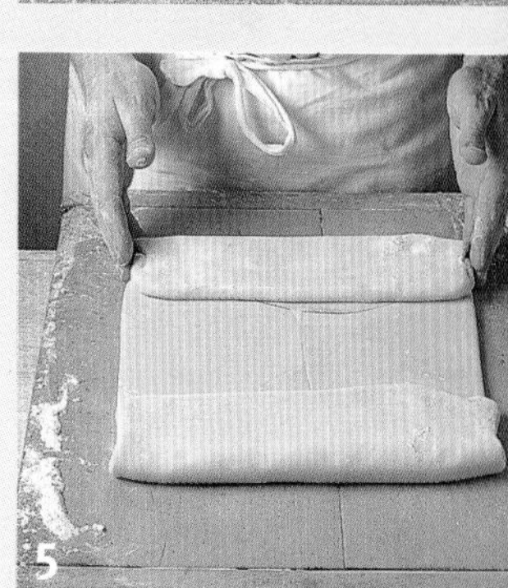
5

**Pasta de mantequilla**

340 g de mantequilla, a punto de pomada
150 g de harina francesa T550 o harina común

**Preparación**

560 g de harina francesa T550 o 280 g de harina común y 280 g de harina de fuerza y algo más para espolvorear
4 yemas de huevo
180 ml de agua mineral
2 cucharaditas de sal de Maldon, molida fina

Para preparar la pasta de mantequilla, ponga la mantequilla y la harina en el cuenco de la batidora eléctrica equipada con la pala. Mezcle a la potencia mínima hasta obtener una pasta homogénea. Póngala sobre un trozo de película de plástico y forme un rectángulo de 6 mm de grosor. Envuélvalo y consérvelo en un lugar fresco (no en el frigorífico). Para la preparación de la base, vierta la harina, las yemas de huevo, el agua y la sal en un cuenco y mezcle hasta formar una masa. En caso necesario, añada una o dos cucharadas más de agua. Pásela a la superficie de trabajo ligeramente espolvoreada con harina y amase 10 minutos o hasta que esté homogénea y muy elástica. Forme una bola, envuélvala en película de plástico y déjela reposar 1 hora o toda la noche. Espolvoree ligeramente con harina la superficie de trabajo y extienda la masa con el rodillo formando un cuadrado de unos 8 mm de grosor. Coloque el rectángulo de pasta de mantequilla en el centro y doble los bordes de la masa por encima para cubrir la pasta completamente (1, 2). Envuelva en película de plástico y conserve en el frigorífico 30 minutos.

Extienda la masa sobre la superficie ligeramente espolvoreada con harina y forme un rectángulo de 65-70 x 35-40 cm y 1 cm de grosor (3, 4). Doble hacia dentro un extremo una sexta parte de la longitud total y, posteriormente, el otro (5). Doble de nuevo los extremos otra sexta parte para que se unan en el centro (6). Doble uno encima del otro, como si cerrara un libro (7). Posteriormente, dé la vuelta a la masa, de manera que el pliegue quede a un lado. Extiéndala suavemente con el rodillo hasta obtener un rectángulo de la misma longitud que el anterior. Doble un extremo una tercera parte de la longitud total (8); haga lo mismo con el otro extremo.

Extienda película de plástico sobre una placa, coloque la masa encima y cúbrala con la película. Conserve en el frigorífico 1 hora.

Coloque la masa con el pliegue a un lado sobre la superficie de trabajo espolvoreada con harina. Extiéndala con el rodillo y realice una vuelta sencilla, seguida de otro doblez sencillo. Envuelva en película de plástico y conserve en el frigorífico toda la noche.

## Sobre las pastas

«La base para conseguir una pasta excelente reside en contar con buenos ingredientes. Compre ingredientes de la mejor calidad que pueda encontrar (la mantequilla, un buen chocolate amargo, la crema que serviría con las fresas más maduras) y busque la harina adecuada, suave y sin blanquear. Nunca jamás economice en la harina (es uno de los ingredientes más económicos), ya que su calidad realzará el aroma de todo lo que elabore con ella. Intente trabajar por la mañana, cuando la cocina está más fresca, y sea metódico. Pese y mezcle con mano pronta y cuidadosa.»

«La elaboración de pastas es una habilidad que mejora con la práctica. Aprenderá a hacer pastas perfectas tras practicar repetidamente. Disfrute con el trabajo. Deje que se convierta en un placer y pronto no le supondrá ningún esfuerzo. Recuerde que la mejor pasta se define por la indulgencia que provoca.»

DAN LEPARD, PASTELERO

# Palitos de queso

**Los tradicionales palitos de queso son densos y muy suculentos. Un hojaldre de calidad ofrece una oportunidad ideal para crear, sin ningún esfuerzo, una variación mucho más ligera. A pesar de ser fáciles y rápidos de preparar, resultan deliciosos.**

**Junto al queso pueden incluirse diversas especias. Un poco de guindilla en polvo o fresca finamente picada les conferirá un toque picante. También puede añadir pimentón, con lo que conseguirá un toque ahumado, o cebolla tierna o escalonias picadas para contrarrestar la suculencia del queso. Para conseguir un efecto diferente, en lugar de esparcir por encima semillas de sésamo, sustitúyalas por semillas de cebolla o de comino.**

**PARA 20–25 PALITOS**

400 G DE PASTA DE HOJALDRE (*VÉASE* PÁG. 136)
85 G DE QUESO PARMESANO O CHEDDAR, RECIÉN RALLADO
PIMIENTA NEGRA
1 CUCHARADA DE SEMILLAS DE SÉSAMO (OPCIONAL)

**GLASEADO**

1 YEMA DE HUEVO
1 CUCHARADA DE LECHE

Precaliente el horno a 180 °C. Forre dos placas de horno con papel sulfurizado. Extienda la pasta con el rodillo hasta conseguir un rectángulo de unos 4 mm de grosor. Distribuya uniformemente el queso rallado sobre la mitad de la pasta y esparza la pimienta negra. Doble la otra mitad de la pasta por encima y presione ligeramente. Corte transversalmente en tiras de 5 mm y, sosteniendo los extremos, retuerza cada tira para conseguir una espiral.

Bata, en un cuenco, la yema de huevo y la leche. Pincele los palitos de queso con el glaseado y distribuya por encima las semillas de sésamo, si lo desea. Coloque los palitos sobre las placas de horno. Hornee durante 20-25 minutos o hasta que hayan subido y estén dorados. Póngalos en una rejilla y deje enfriar antes de servir.

*Tarte fine aux pommes* y milhojas de castañas

# Milhojas de castañas

**El milhojas está constituido por tres láminas de hojaldre que forman un emparedado de tres capas, relleno de crema batida y fruta o, como en este caso, de una suculenta crema de castañas. El éxito de cualquier producto elaborado con hojaldre depende de su calidad. Es posible preparar un milhojas con muy buena presencia a partir de una pasta de hojaldre adquirida en el supermercado y elaborada con aceite o una margarina sólida industrial, pero no nos apetecerá comerlo. Es esencial que el hojaldre se elabore con mantequilla.**

**Es aconsejable que durante la cocción coloque una rejilla sobre la pasta, para que actúe a modo de peso. Con ello compensará cualquier desigualdad que se haya podido producir al extenderla, y que podría hacer que el hojaldre no subiera uniformemente. La rejilla no impedirá que la masa suba, pero nos asegurará una superficie plana. No obstante, no es imprescindible.**

**PARA 8 RACIONES**

400 G DE PASTA DE HOJALDRE (*VÉASE* PÁG. 136)
150 G DE CASTAÑAS EN ALMÍBAR, ESCURRIDAS
2 CUCHARADAS DE AZÚCAR LUSTRE TAMIZADO Y ALGO MÁS PARA ESPOLVOREAR
1 VAINA DE VAINILLA
300 ML DE CREMA DE LECHE ESPESA

**CREMA PASTELERA**

50 G DE AZÚCAR BLANQUILLA
2 YEMAS DE HUEVO
25 G DE MAICENA
1 VAINA DE VAINILLA
250 ML DE LECHE
25 G DE MANTEQUILLA

Para preparar la crema pastelera, bata, en un cuenco, el azúcar, las yemas de huevo y la maicena. Abra la vaina de vainilla y raspe las semillas. Introduzca la vaina y las semillas en un cazo de fondo grueso, con la leche, y lleve lentamente a ebullición. Retire del fuego y bata una tercera parte de la leche con la mezcla de huevo. Vierta la mezcla de huevo en el cazo de la leche, y rebañe los restos del cuenco sin dejar de batir. Ponga de nuevo el cazo en el fuego y lleve nuevamente a ebullición, sin dejar de remover. Hierva 1 minuto. Filtre la crema sobre un cuenco, y deseche las semillas de vainilla (lave y seque la vaina para preparar azúcar vainillado). Añada la mantequilla y remueva hasta que se derrita. Cuando la crema esté tibia, tápela con película de plástico y déjela enfriar completamente.

Precaliente el horno a 180 °C. Forre una placa con papel sulfurizado o silicona.

Extienda el hojaldre con el rodillo sobre la superficie de trabajo espolvoreada con harina y forme un cuadrado de 30 cm y de 5 mm de grosor. Colóquelo sobre la placa. Ponga una rejilla para enfriar pasteles sobre la pasta. Hornee de 25-30 minutos o hasta que el hojaldre esté crujiente y dorado. Con cuidado, dé la vuelta a la placa, de manera que el hojaldre descanse sobre la rejilla y deje enfriar en un lugar seco y cálido.

Introduzca las castañas escurridas en el robot de cocina y accione la máquina hasta obtener una pasta gruesa. Añada 300 ml de crema pastelera (utilice el resto como relleno de una tarta o de un *éclair*). Endulce con 1 cucharada de azúcar lustre o al gusto. Abra la vaina de vainilla, raspe las semillas, y añádalas a la mezcla. Mezcle, tape y conserve en el frigorífico 20-30 minutos.

Bata la crema de leche con el resto del azúcar lustre. Añada una tercera parte a las castañas.

Coloque el hojaldre en la superficie de trabajo. Recorte los bordes con la ayuda de un cuchillo afilado y, posteriormente, corte tres tiras del mismo tamaño. (Si prefiere preparar milhojas individuales, corte el hojaldre en 24 rectángulos del mismo tamaño.)

Extienda la crema de castañas sobre una tira y coloque la segunda tira encima. Extienda el resto de crema montada y acabe con la última capa de hojaldre. Con la ayuda de un cuchillo paleta, retire el exceso de relleno y espolvoree con azúcar lustre. Para conseguir un acabado decorativo, dibuje unas líneas sobre el azúcar con una broqueta caliente.

# Pithiviers

**Los *pithiviers* son un clásico de la pastelería francesa. Aunque su elaboración no es complicada, se precisa tener tiempo y espacio para trabajar en una cocina fresca, cuando la casa está tranquila y es posible concentrarse en conferirles un acabado perfecto.**

**Para 8–10 raciones**

500 g de pasta de hojaldre (*véase* pág. 136)

**Crema de almendras**
250 g de almendras molidas
250 g de azúcar blanquilla
250 g de mantequilla, a punto de pomada
2 huevos
50 g de harina

**Glaseado**
2 yemas de huevo
1 cucharada de leche

Para la elaboración de la crema de almendras, vierta las almendras, el azúcar y la mantequilla en el robot de cocina y mezcle hasta que la preparación adquiera una textura homogénea y la mantequilla se incorpore totalmente. Añada los huevos y la harina y mezcle ligeramente. Pase la mezcla a un molde de fondo desmontable de 20 cm de diámetro forrado con película de plástico y extiéndala uniformemente. Tape y conserve en el frigorífico hasta que esté firme.

Divida el hojaldre en un trozo que se corresponda con una tercera parte del total y otro en dos terceras partes. Extienda, con el rodillo, el trozo más pequeño hasta obtener un círculo de unos 25 cm de diámetro y 6 mm de grosor. Colóquelo sobre una placa de horno forrada con papel sulfurizado o una lámina de silicona.

Para preparar el glaseado, bata ligeramente las yemas de huevo con la leche.

Retire la crema de almendras del frigorífico y desmóldela. Céntrela sobre el círculo de pasta. Pincele el borde de pasta con el glaseado de yema de huevo. Extienda el resto del hojaldre hasta conseguir un círculo de unos 6 mm de grosor y colóquelo con cuidado sobre la crema de almendras y el círculo de hojaldre inferior. Intente que no queden burbujas de aire bajo la pasta. Si se forman, pínchelas ligeramente con un alfiler. Posteriormente, selle los bordes con un tenedor y presione con firmeza.

Tome un cuenco o un plato redondos para cubrir la preparación. Presione firmemente el cuenco por arriba, de manera que el borde corte ligeramente el borde de la pasta. Retire el cuenco, cubra el *pithiviers* con película de plástico y conserve en el frigorífico 1 hora.

Pincele la superficie del *pithiviers* con el glaseado de yema de huevo. Deje secar durante 5-10 minutos. Con la ayuda de un cuchillo pequeño y afilado, corte el borde de la pasta y deje un margen de 3 cm. Si lo desea, corte el borde formando un festoneado. Corte, con mucho cuidado, la parte superior de la pasta y dibuje líneas curvas a partir del centro. Finalmente, practique un pequeño agujero en el centro, de manera que el aire que se cree durante el horneado del *pithiviers* pueda salir. Conserve en el frigorífico sin tapar hasta que el horno alcance la temperatura adecuada.

Precaliente el horno a 180 °C.

Retire el *pithiviers* del frigorífico y hornéelo 15 minutos. Posteriormente, baje la temperatura del horno a 150 °C y continúe la cocción otros 35-40 minutos o hasta que suba y se dore y, al insertar una broqueta en el agujero del centro, salga limpia. Páselo con cuidado a una rejilla y deje enfriar.

Sírvalo tibio acompañado de crema semimontada.

Tarta de ciruelas

# Tarta de ciruelas

**La excepcionalidad de esta tarta depende de la calidad del hojaldre. Si no va a preparar su propio hojaldre, adquiera un hojaldre de mantequilla congelado de calidad.**

**El hermoso término francés *frangipane* designa una crema de almendras. Nosotros lo preparamos con avellanas y almendras.**

**PARA UNA TARTA DE 25 CM**

12 CIRUELAS VICTORIA
225 G DE PASTA DE HOJALDRE (*VÉASE* PÁG. 136)
4 CUCHARADAS DE CONFITURA DE ALBARICOQUE
MANTEQUILLA PARA EL MOLDE

***FRANGIPANE* DE AVELLANAS**

200 G DE MANTEQUILLA, A PUNTO DE POMADA
150 G DE AZÚCAR BLANQUILLA
125 G DE ALMENDRAS MOLIDAS
125 G DE AVELLANAS MOLIDAS
100 G DE HARINA
3 HUEVOS

Para preparar la *frangipane*, bata, en el cuenco de la batidora eléctrica con las varillas, la mantequilla con el azúcar a potencia alta hasta que blanquee y esté esponjosa (unos 8 minutos). Añada los frutos secos molidos y la harina y bata ligeramente. Incorpore los huevos, de uno en uno, sin dejar de batir, y reserve.

Corte las ciruelas por la mitad, deshuéselas y corte cada mitad en dos trozos.

Precaliente el horno a 190 °C. Unte con mantequilla una tartera desmontable de 25 cm.

Extienda el hojaldre en un círculo fino. Con la ayuda del rodillo, pase la pasta al molde y presione ligeramente para cubrir el fondo y las paredes. Doble los bordes hacia dentro para conseguir el doble de grosor y pase el rodillo con firmeza por encima para eliminar el exceso de pasta.

Extienda la *frangipane* sobre el fondo de la tarta y distribuya los trozos de ciruela, de forma que se mantengan de pie, es decir, con las superficies de corte en posición vertical. Hornee 15 minutos, baje la temperatura a 150°C y hornee otros 35-40 minutos; la *frangipane* habrá subido alrededor de las ciruelas. Retire del horno y deje enfriar sobre una rejilla antes de desmoldar. Caliente la confitura en un cazo pequeño. Tamícela y pincele la tarta.

# *Tarte fine aux pommes* (tarta de manzana)

**Esta tarta constituye un clásico de la repostería. Justo antes de introducir la tarta en el horno, la espolvoreamos con una cucharada de azúcar y, tras hornearla, le conferimos más brillo con un glaseado de confitura.**

**PARA 4 TARTALETAS INDIVIDUALES**

400 G DE PASTA DE HOJALDRE (*VÉASE* PÁG. 136)
4 CUCHARADAS DE CREMA PASTELERA (*VÉASE* MILHOJAS DE CASTAÑAS, PÁG. 141)
4 MANZANAS GRANNY SMITH
1 CUCHARADA DE AZÚCAR
2 CUCHARADAS DE CONFITURA DE ALBARICOQUE

**GLASEADO**

1 YEMA DE HUEVO
1 CUCHARADA DE LECHE

Precaliente el horno a 200 °C. Forre una placa de horno con papel sulfurizado o una lámina de silicona. Divida la masa en cuatro partes y extienda cada una formando un círculo fino de unos 15 cm de diámetro. Colóquelos sobre la placa. Distribuya la crema pastelera sobre el hojaldre.

Corte en cuatro trozos las manzanas y retire el corazón, pero conserve la piel. Corte los trozos en láminas muy finas y colóquelas en forma de abanico sobre los discos; superponga ligeramente cada lámina de manzana sobre la anterior. Deje un borde de pasta de 1 cm sin cubrir. Bata ligeramente la yema con la leche y pincele el borde de pasta con este glaseado. Espolvoree la manzana con el azúcar.

Hornee 15 minutos, baje la temperatura a 150 °C y hornee unos 5 minutos más. La manzana estará dorada y la pasta subirá a su alrededor. Caliente la confitura en un cazo. Tamícela y pincele las tartas mientras todavía estén tibias.

# Tarta de peras Tatín

**Para la elaboración de una tarta Tatín, la manzana pelada y cortada en trozos se debe hornear bañada en caramelo con una tapa de pasta encima. Una vez cocida, esta pasta se convierte en la base de la tarta, a la que se le da la vuelta para servir. Cuando esta tarta se prepara con otra fruta, como las peras, recibe el nombre de tarta invertida. Al dar la vuelta a la tarta, el caramelo mantecoso y los jugos de la fruta empapan la pasta, de manera que, para disfrutarla al máximo, debe servirse tibia, aunque no recién sacada del horno, ya que el comensal podría quemarse con el caramelo caliente.**

**Los cocineros crean sus propios trucos para asegurarse un resultado perfecto. En Baker & Spice, primero preparamos el caramelo, lo vertemos en el molde y lo dejamos enfriar. Las peras se cuecen a fuego lento a medida que el caramelo se va derritiendo y se mezcla con su jugo, lo que reduce la posibilidad de que se queme. Utilice peras maduras pero firmes.**

**PARA UNA TARTA DE 23 CM**

7-8 PERAS COMICE
EL ZUMO DE 1/2 LIMÓN
500 G DE PASTA DE HOJALDRE (*VÉASE* PÁG. 136)

**CARAMELO**

250 G DE AZÚCAR BLANQUILLA
150 G DE MANTEQUILLA
50 ML DE AGUA MINERAL

Para preparar el caramelo, caliente, en un cazo a fuego lento, el azúcar, la mantequilla y el agua, sin dejar de remover, para que se disuelva el azúcar, y lleve a ebullición. Baje el fuego y cueza hasta obtener un caramelo oscuro, de color tostado rojizo. Viértalo con cuidado en un molde de 23 cm y distribúyalo hasta cubrir el fondo uniformemente. Déjelo enfriar mientras prepara la fruta.

Precaliente el horno a 190 °C.

Pele las peras, córtelas por la mitad y retire el corazón. Introdúzcalas en un cuenco y rocíelas con zumo de limón para evitar la oxidación.

Extienda la pasta hasta que adquiera el grosor de una moneda de dos euros. Con un plato de 27-28 cm como guía, corte un círculo. Doble el círculo por la mitad y vuelva a doblarlo de nuevo. Coloque las mitades de pera en el molde, con el corte hacia arriba, en forma de abanico, apretadas, y rellenando todos los huecos. Cubra con la pasta doblada y desdóblela para cubrir la fruta; empuje los bordes de pasta hasta el molde.

Hornee 35-40 minutos o hasta que la pasta haya subido y esté dorada. Déjela enfriar sobre una rejilla de 5-10 minutos.

Cubra la parte superior del molde con una fuente plana, pero deje una pequeña abertura en un lado. Incline el molde para que caiga el exceso de caramelo en un cuenco y resérvelo. Sostenga con firmeza la fuente y el molde y déles la vuelta. Deje la fuente sobre una superficie plana y retire el molde. Corte en triángulos y sirva tibio con crema montada y el caramelo que había reservado.

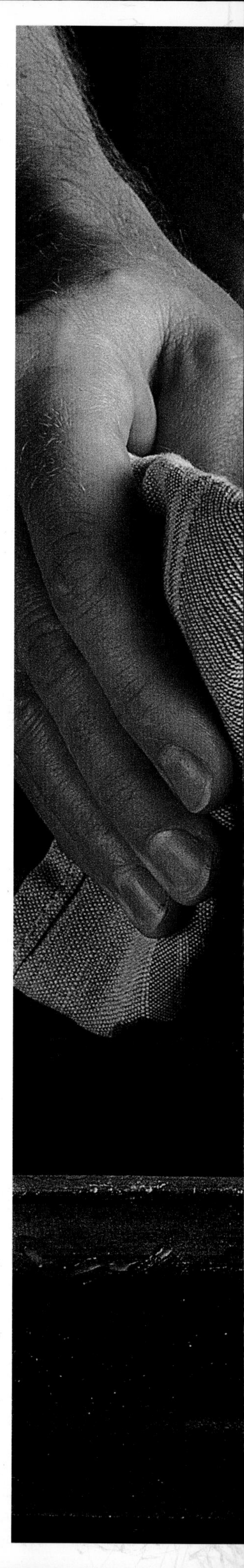

# Croissants

**Durante 200 años, el croissant, originario de Viena en su característica forma de media luna, se elaboró con masa de pan enriquecida. El delicioso croissant, de hojaldre y levadura, mantecoso y, al mismo tiempo ligero, se ha convertido en la prueba definitiva de la habilidad de un maestro pastelero. Se trata de un producto francés relativamente reciente, con una historia no superior a 100 años. La elaboración del croissant requiere tiempo y práctica. El método que se presenta resulta más sencillo que la mayoría, y el resultado continúa siendo hojaldrado y de sabor excelente.**

**El croissant resulta delicioso si se consume recién horneado. Su elevado contenido en mantequilla implica que se puede congelar bien; además, en el congelador puede conservarse como mínimo dos semanas sin que se deteriore. Antes de consumirlo, debe descongelarse en el horno a 250 °C durante 5 minutos y, posteriormente, colocarse sobre una rejilla y dejarlo reposar otros 5 minutos. El croissant crudo y sin fermentar también se congela bien, como cualquier masa sin hornear. En este caso, debe descongelarse en el frigorífico el día anterior y dejarlo fermentar hasta que doble su volumen antes de introducirlo en el horno.**

**PARA 16 CROISSANTS**

1 SOBRE DE LEVADURA DE ACCIÓN RÁPIDA
500 G DE HARINA DE FUERZA BLANCA Y ALGO MÁS PARA ESPOLVOREAR
110 ML DE AGUA MINERAL CALIENTE (A 20 °C)
110 ML DE LECHE FRÍA (A 10 °C)
20 G DE SAL MALDON, MOLIDA FINA
70 G DE AZÚCAR BLANQUILLA
250 G DE MANTEQUILLA

**GLASEADO**

1 YEMA DE HUEVO
1 CUCHARADA DE LECHE

Para preparar la esponja, bata, en un cuenco, la levadura, 100 g de harina y el agua caliente. Cúbralo con película de plástico y deje reposar en un lugar cálido 2 horas o hasta que la esponja haya subido como mínimo una tercera parte y esté activa, con abundantes burbujas.

Vierta el resto de la harina, la leche, la sal y el azúcar en el cuenco de la batidora eléctrica y añada la esponja. Bata a potencia mínima con la amasadora 2 minutos. Aumente ligeramente la potencia y amase 6 minutos, momento en que habrá adquirido una textura blanda y pegajosa y se despegará de las paredes del cuenco. Introduzca la masa en una bolsa de plástico y conserve en el frigorífico toda la noche. Al día siguiente, extienda un trozo de película de plástico sobre la superficie de trabajo y espolvoréelo con harina. Ponga encima la mantequilla, que estará firme, pero no recién sacada del frigorífico. Espolvoree un poco de harina sobre la mantequilla y, con el rodillo, aplástela formando un rectángulo de 1 cm de grosor. Envuélvalo con la película de plástico y conserve en un lugar fresco de la cocina. (Si la temperatura es elevada, introduzca la mantequilla en el frigorífico unos minutos.) Desenvuelva la masa y colóquela sobre la superficie de trabajo espolvoreada con harina. Extiéndala con el rodillo. Espolvoree más harina sobre la masa y el rodillo y extiéndala; déle la vuelta con frecuencia y forme un rectángulo de 1 cm de grosor. Retire el exceso de harina y ponga la mantequilla en el centro. Doble los bordes de masa sobre la mantequilla y solápelos en la parte superior para que la mantequilla quede completamente cubierta.

Espolvoree un poco de harina por encima. Extienda con el rodillo, en sentido contrario a usted, y forme un rectángulo de 67 x 40 cm. Doble por encima un extremo una sexta parte del volumen total y haga lo mismo con el otro. Doble de nuevo ambos extremos, como si estuviera cerrando un libro. Dé la vuelta a la masa, de manera que el pliegue quede a un lado. Vuelva a extender suavemente con el rodillo hasta formar un rectángulo alargado del mismo tamaño que el anterior. Doble un extremo de la masa un cuarto y después el otro extremo otro cuarto; se unirán en el centro. Posteriormente, doble los dos, como si cerrara un libro. Selle los extremos con el rodillo. Envuelva en película de plástico y conserve en el frigorífico de 30 minutos a 1 hora.

Prepare una plantilla triangular de cartón o plástico de 17,5 x 17,5 x 15 cm. Extienda la masa con el rodillo sobre la superficie espolvoreada con harina y forme un rectángulo de unos 75 cm de largo, 30 cm de ancho y 4 mm de grosor. Recórtelo para que los bordes estén rectos y córtelo en dos partes a lo largo. Con la ayuda de la plantilla, marque y corte 8 triángulos a partir de cada trozo de masa.

Extienda los triángulos, uno a uno, sobre la superficie ligeramente espolvoreada con harina, con la punta estrecha en sentido contrario a usted. Enrolle hacia la punta y acabe en el centro y debajo. Coloque los croissants sobre una placa de horno grande forrada con papel sulfurizado para que aumenten de tamaño. Tápelos con película de plástico y déjelos en un lugar cálido hasta que doblen el tamaño, de 1-2 horas. Precaliente el horno a 200 °C. Para preparar el glaseado, bata la yema de huevo y la leche. Pincele los croissants, desde el centro hacia fuera, para que el glaseado no se introduzca en las capas de la masa. Hornee en dos tandas a media altura durante 10 minutos; habrán subido y empezarán a adquirir color. Baje la temperatura a 150 °C y hornee de 20-25 minutos o hasta que hayan subido y estén dorados. Déjelos enfriar sobre una rejilla y evite que estén en contacto.

# Pastas danesas

**Para elaborar nuestras pastas danesas utilizamos la masa de croissant, ya que les confiere un acabado más crujiente y menos pastoso. La masa puede cortarse en cuadrados o círculos y hornearse en moldes. También se le puede dar forma de cuerda enrollada en espiral. Normalmente, se cubren con crema pastelera y frutas. En este caso, las pastas ya horneadas se pincelan con confitura de albaricoque, aunque también puede utilizar un glaseado de limón (*véase* pastel de limón, pág. 107).**

**PARA 6 PASTAS**

300 G DE PASTA DE CROISSANT (*VÉASE* PÁG. 148)
UNA SELECCIÓN DE FRUTAS FRESCAS, EN LATA O DE BOTE, COMO MELOCOTÓN O NECTARINA, CIRUELA, ALBARICOQUE, MANZANA, PERA, HIGOS O PULPA DE FRUTA DE LA PASIÓN, O FRUTAS SECAS, COMO PASAS, HIGOS, CEREZAS, ALBARICOQUES Y FRUTAS ESCARCHADAS
UNOS 150 G DE CREMA PASTELERA (*VÉASE* MILHOJAS DE CASTAÑAS, PÁG. 141)
AZÚCAR MORENO PARA ESPOLVOREAR (OPCIONAL)
HARINA PARA EXTENDER LA MASA
3-4 CUCHARADAS DE CONFITURA DE ALBARICOQUE
ACEITE DE MAÍZ O DE GIRASOL PARA LOS MOLDES

**GLASEADO**

1 YEMA DE HUEVO
1 CUCHARADA DE LECHE

Si va a hornear las pastas en moldes, ponga seis tarteras acanaladas de 8-9 cm en una placa de horno y pincele el interior con aceite.

Extienda la masa sobre la superficie de trabajo espolvoreada con harina, hasta conseguir un grosor de 6-7 mm. Con la ayuda de un cortapastas redondo de 10 cm (o un cuchillo afilado), corte discos o cuadrados de la masa e introdúzcalos en los moldes. Presione la masa ligeramente contra las paredes de los moldes. También puede formar cuerdas con la masa y luego anillos de 8 cm sobre una placa de horno forrada con papel sulfurizado o una lámina de silicona. (En este punto puede congelar la masa moldeada hasta 1 semana; descongele antes de fermentar.) Tape con película de plástico y deje reposar en un lugar cálido para que suba hasta que haya doblado su volumen, de 1-2 horas.

Precaliente el horno a 180 °C.

Si utiliza frutas frescas o en conserva, córtelas en rodajas o dados y pélelas en caso necesario. Las frutas secas deben ponerse ligeramente en remojo en agua caliente y después secarse con un paño, excepto que sean muy jugosas.

Para preparar el glaseado, bata la yema de huevo con la leche. Ponga 1-2 cucharadas de crema pastelera en cada fondo de tarta y extiéndala con el dorso de la cuchara para cubrir el fondo uniformemente. Coloque la fruta sobre la crema; ponga las láminas de fruta en forma de abanico o distribuya la fruta pequeña o cortada en dados. Espolvoree con el azúcar moreno, si lo desea. Pincele los bordes de la masa con el huevo.

Horneee durante 35-45 minutos o hasta que la masa suba y se dore.

Caliente la confitura en un cazo pequeño hasta que se deshaga. Tamícela para retirar los trozos de fruta grandes y pincele con ella las pastas mientras estén tibias para conferirles brillo.

Pastas danesas y panes de pasas, preparados para hornear

# Pan de pasas

**En realidad, el pan de pasas es un bollo pegajoso para adultos, con la fruta seca remojada en ron y la superficie glaseada de forma decorativa.**

**PARA 6 PASTAS**

300 G DE PASTA DE CROISSANT (*VÉASE* PÁG. 148)
250 G DE PASAS O SULTANAS, REMOJADAS EN AGUA CALIENTE 30 MINUTOS
1 CUCHARADA DE AZÚCAR BLANQUILLA
1/2 CUCHARADA DE RON
HARINA PARA LA MASA
3 CUCHARADAS DE CONFITURA DE ALBARICOQUE

**GLASEADO**

1 YEMA DE HUEVO
1 CUCHARADA DE LECHE

Forre una bandeja de horno con papel sulfurizado o una lámina de silicona.

Extienda la masa sobre la superficie de trabajo ligeramente espolvoreada con harina hasta conseguir un rectángulo de unos 6-7 mm de grosor.

Escurra las pasas y póngalas en un cuenco. Añada el azúcar y el ron y remueva para que queden completamente cubiertas. Distribúyalas uniformemente sobre la pasta. Tome uno de los bordes largos del rectángulo y enróllelo como si se tratase de un brazo de gitano; tenga cuidado de que las pasas no caigan. Con la ayuda de un cuchillo bien afilado, corte el cilindro en rodajas de 2-3 cm de grosor. Colóquelas sobre la placa y deje cierto espacio entre ellas. (En este momento pueden congelarse durante una semana; descongélelas antes de fermentar.) Tape con película de plástico y deje reposar en un lugar cálido para que suban hasta que doblen su volumen, lo que implica 1-2 horas.

Precaliente el horno a 180 °C.

Para preparar el glaseado, bata la yema de huevo con la leche. Pincele las pastas. Hornéelas durante 35-45 minutos o hasta que hayan subido y estén doradas.

Caliente la confitura en un cazo pequeño hasta que se deshaga. Tamícela para retirar los trozos de fruta grandes y pincele las pastas para conferirles brillo.

# Pasta *choux*

**La pasta *choux* es una masa curiosa que se cocina parcialmente antes de hornearla y extenderla con la manga pastelera. Durante el horneado, el agua de la masa crea vapor en su interior, lo que favorece que se expanda, ofreciendo una corteza crujiente y el centro hueco. Este hueco puede rellenarse con cremas, nata o mezclas saladas.**

**La exactitud en el peso de los ingredientes es importante, aunque aquí no se especifica la cantidad exacta de huevos. Se necesita un huevo por cada 30 g de harina, pero como su tamaño varía y las harinas tienen diferentes grados de absorción, se deben incorporar 3 huevos y, posteriormente, el cuarto poco a poco. Si no incorpora el huevo suficiente, la masa resultará muy seca para hincharse; si añade demasiado, será muy líquida para extenderla con la manga.**

150 G DE HARINA
3-4 HUEVOS
100 G DE MANTEQUILLA
1 CUCHARADITA DE SAL MALDON, MOLIDA FINA
250 ML DE AGUA MINERAL FRÍA

Tamice la harina sobre un cuenco. Tenga a mano 3 huevos, bata el cuarto en un cuenco y resérvelo.

Ponga la mantequilla, la sal y el agua en un cazo de fondo grueso y lleve a ebullición a fuego medio. Cuando el agua empiece a hervir, retire del fuego y añada la harina. Remueva enérgicamente con una cuchara de madera hasta que la harina y el líquido estén bien mezclados.

Ponga el cazo de nuevo en el fuego, aunque a menor potencia, y bata constantemente durante un minuto, momento en el que la masa habrá adquirido una textura compacta y se despegará fácilmente de las paredes del cazo. Retire del fuego y deje enfriar unos 3 minutos. (Si añade los huevos inmediatamente cuajarían, lo que provocaría la aparición de grumos y, por tanto, estropearían la mezcla.)

Añada los tres primeros huevos a la mezcla, uno a uno, y asegúrese de que cada huevo está totalmente incorporado antes de añadir el siguiente. La mezcla debe ser lisa y brillante. Si está demasiado espesa, añada un poco del cuarto huevo batido; remueva bien y continúe añadiendo huevo hasta que la masa adquiera la textura adecuada.

Déjela enfriar a temperatura ambiente y utilícela inmediatamente. Si la deja reposar demasiado tiempo, se espesará, de manera que resultará imposible manipularla con la manga pastelera.

# Sombreros mexicanos

**La masa aumenta de volumen y se desprende de la placa al hornearla, tomando formas curiosas. Los denominamos sombreros mexicanos porque recuerdan al ala de un sombrero extravagante. Puede poner un relleno de nata o crema pastelera (*véase* milhojas de castaña, pág. 141) entre dos discos crujientes y ligeros; además, resultan perfectos acompañados de bayas de temporada.**

**PARA 15 PARES DE SOMBREROS DE PASTA *CHOUX***

1 RECETA DE PASTA *CHOUX* (*VÉASE* PÁG. ANTERIOR)
AZÚCAR LUSTRE PARA ESPOLVOREAR
MANTEQUILLA PARA LA PLACA DE HORNO

Precaliente el horno a 180 °C. Tome la placa más grande y pesada que quepa en el frigorífico y en el horno, asegúrese de que está limpia y unte generosamente toda la superficie con mantequilla. Introdúzcala en el frigorífico durante unos 20 minutos.

Ponga la pasta *choux* sobre la superficie de trabajo y mantenga la placa cerca. Deje caer una cucharada de pasta sobre la placa y extiéndala con la ayuda de una paleta o espátula de plástico, empezando por uno de los bordes, para formar un círculo de unos 10 cm de diámetro y 4-5 mm de grosor (1). No se preocupe si no es totalmente uniforme. Las marcas que deja la espátula harán que el sombrero resulte más interesante. Trace con el dedo un círculo en la masa (2). Limpie los restos de masa de los dedos. Extienda otro círculo de pasta en la placa, a unos 2 cm del primero, y repita la operación hasta llenar toda la placa.

Coloque la placa en el horno a media altura y hornee durante 15 minutos; posteriormente, baje la temperatura a 160 °C y hornee otros 10-15 minutos o hasta que hayan aumentado de volumen y estén ligeramente dorados y crujientes. Ponga los sombreros sobre una rejilla para que se enfríen (3). Retire los restos de pasta *choux* que hayan quedado en la placa.

Una dos sombreros a modo de bocadillo con el relleno de su agrado y espolvoree con el azúcar lustre antes de servir.

# *Éclairs*

**De todas las creaciones con pasta *choux*, probablemente los *éclairs* o palos son los más conocidos y consumidos en todo el mundo. Con su corteza crujiente, ligera y de sabor neutro, el relleno suculento y el brillante glaseado *fondant* superior, los *éclairs* dan mucho juego con muy poco esfuerzo. Es fácil elaborarlos con la manga pastelera, aunque también se puede calentar el cuchillo o las tijeras que se utilicen para cortar la masa a medida que sale, ya que, de esta manera, el corte es limpio y la pasta pegajosa no se adhiere a la hoja. Cuando las pastas salen del horno es importante pincharlas inmediatamente para que el vapor interior no las ablande. Para disfrutarlas al máximo, deben consumirse inmediatamente después de rellenarse y glasearse.**

**PARA 12–14 *ÉCLAIRS***

1 RECETA DE PASTA *CHOUX* (*VÉASE* PÁG. 152)
CREMA PASTELERA (*VÉASE* MILHOJAS DE CASTAÑAS, PÁG. 141) O CREMA DE LECHE MONTADA PARA EL RELLENO
MANTEQUILLA PARA LA PLACA DE HORNO

**GLASEADO *FONDANT***

225 G DE AZÚCAR BLANQUILLA
75 ML DE AGUA MINERAL
2 CUCHARADITAS DE GLUCOSA LÍQUIDA
AROMAS OPCIONALES:
PARA CHOCOLATE, 15 G DE CHOCOLATE AMARGO DE CALIDAD, RALLADO,
...AO EN POLVO AL GUSTO
...AFÉ, 1/2 CUCHARADA DE
...ESO FUERTE O ESENCIA DE CAFÉ
...ITE DE MAÍZ O DE GIRASOL PARA LA PLACA

Prepare el glaseado *fondant*. Para ello, ponga el azúcar y el agua en un cazo a fuego lento y remueva hasta que el azúcar se disuelva. Añada 1/2 cucharadita de glucosa (o una pizca de ácido tartárico), suba el fuego y lleve rápidamente a ebullición. Hierva hasta el punto de bola blanda (115 °C en un termómetro de azúcar). Vierta sobre una placa de mármol ligeramente untada con aceite y deje enfriar 3-4 minutos. (Si empieza a trabajar cuando el azúcar todavía está caliente, el glaseado adquirirá una textura granulosa.) Con la ayuda de una paleta, rasque por debajo de la masa; levántela repetidamente, con movimientos en forma de ocho. Continúe así unos 10 minutos o hasta que la masa se torne opaca y demasiado dura para levantarla con la paleta. Ahora, amásela con las manos; presiónela y dóblela hasta que el glaseado esté liso y resulte maleable. Forme una bola, envuélvala con película de plástico y conserve en el frigorífico un mínimo de 24 horas antes de usarlo. Precaliente el horno a 200 °C. Unte con mantequilla una placa de horno e introdúzcala en el frigorífico. Introduzca, en una jarra, un cuchillo afilado o unas tijeras y vierta agua hirviendo hasta cubrir toda la hoja.

Ponga la pasta *choux* en una manga pastelera grande con una boca lisa de 2 cm. Presione la pasta hacia abajo y retuerza la parte superior hasta que empiece a salir. Con la ayuda de la manga, forme tiras largas de 10 cm sobre la placa y córtelas con el cuchillo o las tijeras calientes. Deje espacio entre los *éclairs* para que puedan aumentar de volumen.

Coloque la bandeja en el horno, a media altura, y hornee durante 15 minutos, momento en que los *éclairs* habrán subido y empezarán a tomar color. Baje la temperatura a 160 °C y hornee otros 10-15 minutos o hasta que los *éclairs* estén ligeramente tostados y crujientes. Retírelos del horno e, inmediatamente, practique un agujero para que salga el resto de vapor. Déjelos enfriar sobre una rejilla.

Ablande el *fondant* en un cuenco al baño María. Cuando empiece a ablandarse, añada el resto de la glucosa líquida. Si desea aromatizar el glaseado, incorpore el chocolate, el cacao en polvo, el expreso o la esencia de café. Retire del fuego y continúe removiendo.

Rellene los *éclairs* con la crema pastelera o la nata montada; para ello, introdúzcalas en el agujero con la ayuda de la manga pastelera. Sostenga los *éclairs* en vertical sobre el cuenco del *fondant* y, con la ayuda de una cuchara, deje que el glaseado se deslice por la cara superior hasta formar una capa uniforme. Deje enfriar antes de servir.

**...eros mexicanos y *éclairs***

# GLOSARIO

**agua mineral** Agua sin gas, pura y embotellada sin aditivos químicos.
**amasar** Trabajar y mezclar la harina y el agua para obtener una masa compacta, elástica y maleable. El amasado puede realizarse a mano o bien con la ayuda de una batidora eléctrica equipada con el accesorio amasador. El proceso favorece que el gluten de la harina se desarrolle y adquiera la necesaria elasticidad y las propiedades plásticas para atrapar las burbujas de gas que se producen durante la fermentación.
**avena** Cereal habitual en la alimentación de los caballos y que los humanos consumen en forma de gachas, muesli y galletas de avena.
**baguette** Barra de pan francés ligera (250 g) y larga (75 cm) elaborada con harina blanca blanda (T550), cuyos orígenes se remontan a París en 1920. Se caracteriza por su maravillosa corteza gruesa y crujiente, pero se endurece en pocas horas.
***banetton*** Cesto de mimbre forrado de lino, de distintas formas y tamaños, donde se fermentan las masas.
***beignet*** Masa de pan levada y frita. El término se interpreta de distintas maneras en diferentes partes del mundo. Puede ser simplemente una rosquilla o un buñuelo de fruta.
***beurre manié*** Pasta elaborada con cantidades iguales de harina y mantequilla.
**bicarbonato sódico** Álcali que, cuando se mezcla con un ácido, se desencadena una reacción química en la cual se libera anhídrido carbónico.
***biga*** Versión italiana de *poolish*, basada en el gran contenido proteico de la harina «OO» utilizada para la pasta.
**biológico** Se dice del alimento que no se ha tratado con productos químicos u otros aditivos y que se ha cultivado o criado en un entorno carente de productos químicos.
***brioche*** Pan levado dulce enriquecido con mantequilla y huevos.
**canela** Corteza interna seca de un árbol tropical. Es preferible adquirir la canela en rama antes que molida, ya que esta última pierde rápidamente el aroma.
**centeno** Cereal con un bajo contenido en gluten. Cuando se muele produce una harina oscura y pesada de aroma intenso.
**cernido** Tamizado sucesivo de la harina para hacerla más blanca y refinada.
***choux* (pasta)** Masa de harina y huevo manipulable con la manga pastelera, que se utiliza para la elaboración de pastas huecas como los *éclairs* y los profiteroles.
**cobertura *Callibaut*** Chocolate fino con un alto contenido en cacao y un sabor intensamente amargo.
***créeme fraîche*** Crema suculenta con un característico sabor intenso. Se elabora con crema de leche espesa mezclada con suero y calentada a una temperatura constante de 75 °C durante varias horas hasta que espesa y se estabiliza.
**crema pastelera** Crema espesa elaborada con huevos y harina que, habitualmente, se aromatiza con vainilla. Es una preparación esencial en repostería y se utiliza para el relleno de tartas y otras muchas preparaciones.
***crumpet*** Pan redondo, levado y sin endulzar. Los *crumpets* se cuecen como una masa líquida en anillos metálicos sobre una plancha, lo que crea en una base muy tostada y una cara superior pálida repleta de agujeros.
**deflación** Presión sobre la masa levada para eliminar el anhídrido carbónico atrapado en forma de burbujas durante la fermentación debido al gluten.
***éclair*** Recipiente largo de masa *choux*, habitualmente relleno de nata montada o crema pastelera.
**fermentación** Proceso durante el cual se libera anhídrido carbónico. Es el resultado de la producción de alcohol por parte de las levaduras como producto secundario de la obtención de energía química a partir de los azúcares.
***ficelle*** Pan blanco largo semejante a una baguette, pero de sólo 125 g de peso y, por lo tanto, mucho más fino.
***focaccia*** Pan blanco levado rectangular, de superficie irregular. El pan se aliña generosamente con aceite de oliva y sal marina justo antes de introducirlo en el horno. Asimismo, con frecuencia se espolvorea con hojas de romero.
***fougasse*** Pan plano levado, de forma ovalada, originario de la Provenza, y caracterizado por los agujeros que se practican a lo largo de la hogaza, siguiendo el patrón de una raspa de pescado o de una rama con hojas. Puede comercializarse tal cual o relleno.
**germen de trigo** Embrión oleoso del grano de trigo. El germen de trigo es una fuente concentrada de proteínas, vitaminas y minera[illegible]
**gluten** Combinación de dos proteínas que se encuentran en el grano de trigo, las cuale[illegible] al humedecerse, se unen y cr[illegible] finas cadenas elásticas. Ésta[illegible] forman membranas que atra[illegible] el gas y hacen que la masa [illegible]
***grissini*** Bastones crujiente[illegible] de pan, elaborados por pri[illegible] vez en Turín.
**harina blanda** Harina de tr[illegible] blanca con un contenido p[illegible] de entre el 6 % y el 10 %.
**harina de fuerza** Harina de[illegible] blanca con niveles de prot[illegible] entre el 10 % y el 14 %.
**harina *granary*** Harina de [illegible] integral malteada con disti[illegible] semillas.

**harina integral, trigo integral** Harinas de color más oscuro, ya que se han elaborado con los elementos del trigo entero, incluidos un poco del germen de trigo y del salvado.
**levadura** Organismo unicelular microscópico que al crecer produce alcohol y anhídrido carbónico, proceso que recibe el nombre de fermentación. Para ello necesita azúcar, humedad y calor.
**levadura activa** Levadura de producción industrial que puede presentarse en forma de cultivo o reconstituida seca. Conocida también como levadura de panadero o de cerveza, se elabora a partir de las células vivas de la cepa de levadura *Sacharomyces cerevisior*. Cuando es fresca, habitualmente se vende en forma de pequeñas pastillas comprimidas húmedas.
**levadura de cerveza** Agente levador que contiene levaduras de la espuma que se produce durante la fermentación de la cerveza.
**levadura en polvo** Agente levador completo que consiste en una mezcla de bicarbonato sódico y sales ácidas y que sólo precisa humedad para activarse. La levadura en polvo también contiene una gran cantidad de almidón molido, que se añade para que absorba la humedad del aire y evite la activación prematura. Se utiliza con harina blanda para la elaboración de panes «rápidos».
***levain*** Masa colonizada por levaduras ambientales que se utiliza para levar panes de masa ácida.
**macis** *Véase* nuez moscada.
**magdalena** Pequeño dulce levado con bicarbonato sódico o levadura en polvo.
**masa ácida** Pan fermentado con levaduras, lo que le confiere un característico sabor ácido.
**masa madre** Masa preliminar a base de harina, levadura y agua. Una vez activa, se utiliza para fermentar la siguiente masa.
***miche*** Hogaza redonda de pan rústico francés de gran tamaño, habitualmente de masa ácida.
**milhojas** Preparación de hojaldre de múltiples capas. Su nombre no responde a la verdad, ya que sólo tiene 723 capas.
**moscovado, azúcar** Se dice del azúcar moreno que se produce como primer paso de la refinación de la caña de azúcar hervida. Tiene un intenso aroma a melaza. El término es de origen portugués y significa no refinado.
**nuez moscada** Semilla de la fruta de *Myristica fragans*, el árbol tropical de la nuez moscada, originario de las Molucas, aunque hoy en día se cultiva en muchos países tropicales. La semilla está cubierta por una membrana fibrosa rojiza que la separa de la pulpa de la fruta. Cuando se seca y se aplana, esta membrana se convierte en macís. La macís y la nuez moscada tienen un aroma y un sabor similares y son intercambiables, aunque la macís posee un aroma más intenso.
**pala** Plancha de madera de haya unida a un mango largo que se utiliza para introducir y sacar el pan de los hornos tradicionales.
**palmera** Pasta azucarada elaborada con masa de hojaldre.
**pan de soda** Pan de harina de trigo blando, generalmente levado con bicarbonato sódico. Originario de Irlanda.
**pan rápido** Pan levado con agentes químicos, como el pan de maíz, el pan de soda, las magdalenas y los *scones*.
***pane bianco*** Clásico pan italiano, elaborado en toda Italia, con pequeñas variaciones regionales. Es la versión italiana del *pain de campagne* francés.
**pimienta de Jamaica** Aromática baya de color pardo del tamaño de un grano de pimienta que se seca de la misma manera que ésta. En su complejo aroma pueden reconocerse toques de macís, canela y clavo.
***pithiviers*** Pastel redondo de hojaldre, glaseado, con un relleno dulce y suculento. Normalmente, la superficie del *pithiviers* lleva unas líneas curvas dispuestas radialmente.
**polenta** Harina obtenida a través de la molienda del maíz.
***poolish*** Masa madre colonizada por levaduras ambientales que se utiliza para levar los panes de masa ácida.
***pretzel*** Lazo de crujiente masa blanca levada. La historia del *pretzel* se remonta a la época de los romanos, aunque en la actualidad se considera un producto americano, ya que la primera fábrica de *pretzel* se fundó en Pensilvania en 1861.
**profiterol** Pequeño pastelito de masa *choux* relleno de cremas dulces o saladas. También se llama lionesa.
**ralladura de limón** Ralladura de la capa externa de la piel del limón. Se utiliza en muchas recetas, ya que contiene los aceites volátiles que liberan la mayor parte del intenso aroma del limón. Si no son de cultivo biológico, lave siempre bien el limón, antes de proceder a su rallado, para eliminar las sustancias químicas y la capa de cera antifúngica que los cubre.
**salvado** Cáscara externa de los cereales.
**sémola** Harina de trigo duro, de molienda menos fina que las harinas de trigo estándar.
***taux des cendres*** Expresión francesa para designar el nivel de fibra de una harina, basado en las cenizas que quedan después de incinerar la harina en el laboratorio a 990 °C.
**vaina de vainilla** Vaina fina, larga y seca de la orquídea *Vanilla planifolia*. La mayor parte del aroma se concentra en las semillas.
***viennoiserie*** Término francés de repostería que designa las pastas hojaldradas como el hojaldre y los croissants, en que las capas crujientes son el resultado de la cuidadosa incorporación de mantequilla durante el repetido proceso de extendido y enfriado.
***zatar*** Mezcla, a cantidades iguales, de zumaque en polvo, mejorana y tomillo secos molidos.
**zumaque** Polvo rojo elaborado a partir de las bayas secas del arbusto del mismo nombre, que se utiliza profusamente en la cocina iraquí.

# ÍNDICE

# AGRADECIMIENTOS

**Baker & Spice**
**46 Walton Street**
**Londres SW3 1RB**

**54-56 Elizabeth Street**
**Belgravia**
**Londres SW1W 9PB**
**Tel:** 020 7730 3033
**Fax:** 020 7730 3188

**47 Denyer Street**
**Chelsea**
**Londres SW3 2LX**
**Tel:** 020 7589 4734
**Fax:** 020 7823 9148

**75 Salusbury Road**
**Queen's Park**
**Londres NW6 6NH**
**Tel:** 020 7604 3636
**Fax:** 020 7604 3646

**www.bakerandspice.com**

Tenemos un equipo de unas 65 personas que trabajan para crear los alimentos que elaboramos cada día. Naturalmente, el equipo va cambiando en algunas ocasiones, pero sin el trabajo arduo y la dedicación de nuestra gente no estaríamos donde estamos. El equipo que ha ayudado a crear la tienda que tenemos hoy en día, cronológicamente es el siguiente:

**En la panadería:** David Frequelin, Remi Georgelin, DL, Amir Allon, Martin Aspinwall, Jason Warwick, Remek Sanetra, Henri Bellon de Chassy, Damon Cowan, Sally Parsons, Amar Slimani.

**En la *viennoiserie***: Patrick Lozach, Ram Sicaram, Martin Doak, Lionel Rocher, Ilan Schwartz, Mariangela Pratt.

**En la *pâtisserie:*** Henri Berthaud, Yannick, Amal Ibrahim, Ari Aboso, Alexandra Queruel, Yvan Cahour, Dorit Mainzer, Jeanne Hertz, Linda Osedo, Louise Riviere, Jaime Foa, Megan Jones, Mark Lazenby, Markus Herz, James Webb.

**En el *traiteur:*** Lorraine Dunne, Sammy Leopold Santos, DL, Michelle Wong, Kate Lewis, Sami Tamimi, Ruth Taylor Hunt, Pavel Kuzdak, Cayetano López.

**En la tienda:** Karen Copland, Natalie Laurent, Zoe Field, Tamsin Borlase, Anne Boyle, Fiona Kinnear, Stephane Boucton, Leonor Gómez, Laurent Beauvois, Helena Allon, Fabio Calascibetta, Alessandra Figini, Belén Mateo, Jaclyn Dove, Emma O'Reilly, Naima Ali, Anna Plym, Jenny Mellquist, Andrea Novak, Eric Ackermann, Daniel Marcolin, David Doulay, Candice Nieper, Kirsty McGregor, Amanda Hale, Anna-Marie Briers, Ari Economakis.

**Ayudantes de cocina:** Vince Mejia, Tito Bosales, César Aristizábal.

**En la fábrica de pan y refuerzos:** Ammon Mer, Pierre Corneille, Richard Vintiner, Samantha Oyez, Jackie Hobbs, Terry Stockwell, Nimal Kandihi.

**Nuestros conductores:** David Ormston, Paul Stimson, Steve Bragg, Richard Fenton, Ray Mechell, Errol Palmer, Arthur Albert.

**Nuestros amigos:** Melanie Pini y Sophie Braimbridge (las cuales sugirieron y crearon nuestra primera serie de demostraciones del chef), Naomi Kaplan (siempre una fuente de inspiración), Anissa Helou, Peter Gordon, Jeremy Lee, Lyn Hall, Ursula Ferrigno, Giorgio Locatelli, Elizabeth Luard, Alastair Little, Juliet Peston, Heston Blumenthal, Jonathan Archer, John Kelly, Enzo Zaccharini, Honor Chapman, Sarah Standing y los clientes que nos han apoyado desde el principio.

**Todas nuestras recetas tienen un origen,** como ocurre con las recetas de cualquier libro. Aunque las recetas han sido escritas o adaptadas y probadas por Dan Lepard y Richard Whittington especialmente para este libro, los ingredientes, las técnicas y la inspiración son un legado de nuestros amigos. Los créditos de las recetas son:
Dorit Mainzer por el pastel de chocolate y pacanas, el pastel del diablo, el pastel marmolado, el pastel de limón, las galletas de parmesano y las galletas con pepitas de chocolate.
Naomi Kaplan por el pastel de ciruelas y las galletas de mantequilla y pacanas.
Jason Warwick por el *levain* básico y la *fougasse* de roquefort y nueces.
Baker & Spice desearía dar las gracias a Divertimenti of Fulham, Kitchen Aid UK, Phillip Brittain y Solstice, Neal's Yard Dairy, Jeni Wright, Peter Howard, Coralie Bickford-Smith, Bridget Bodoano y Caroline Perkins por **la producción de este libro.**

Nos gustaría dar las gracias a Emily Andersen por la utilización de sus fotografías en las páginas 7, 9, 10, 13, 14, 19, 20/21, 31, 35, 45, 49, 91, 93, 94/95, 102, 114/115, 129 y 138.